Гід па фэмінізацыі беларускае мовы

Уладзіслаў Гарбацкі

ГІД ПА ФЭМІНІЗАЦЫІ БЕЛАРУСКАЕ МОВЫ

Nomina agentis і некаторыя
іншыя асабовыя намінацыі

Другое выданьне, дапоўненае

Uładzisłaŭ Harbacki
Guide to Feminasation in the Belarusian Language.
Nomina agentis and Some Other Personal Nominations
Second edition, expanded

Skaryna Press
London
2024

Упершыню выйшла ў 2016 г.
2024, другое выданьне, дапоўненае.

Навуковы рэдактар, рэцэнзэнт
Міраслаў Янковяк, доктар лінгвістыкі,
Варшаўскі ўнівэрсытэт

На вокладцы
Жанчына-шофэр, здымак С. Грына з вокладкі
часопісу "Чырвоная Беларусь", № 5, 1930 г.

Уладзіслаў Гарбацкі

Гарбацкі, У. Гід па фэмінізацыі беларускае мовы.
Nomina agentis і некаторыя іншыя асабовыя намінацыі. — Лёндан : Skaryna Press, 2014. — 110 с.

ISBN   978-1-915601-48-3
eISBN 978-1-915601-49-0

Copyright © 2016, 2024 Уладзіслаў Гарбацкі
Copyright © 2024 Skaryna Press, афармленьне

Уступ

Першае выданьне гіда выйшла ў 2016 годзе — восем гадоў таму. Яно разышлося вельмі хутка, і я атрымаў пераважна пазытыўныя водгукі ад моўцаў, асабліва ад маладых беларускамоўных, асабліва ад дзяўчатаў. За восем год паўстаў генэрацыйны разрыў у пытаньні фэмінізацыі: маладыя беларускі і беларусы ня проста фэмінізуюць, а патрабуюць фэмінітываў, тады як старэйшыя генэрацыі беларускамоўных фэмінізуюць у залежнасьці ад сытуацыі, а часта, стаміўшыся змагацца і даводзіць, згаджаюцца на маскулінітывы. Таксама ўсё яшчэ адчувальным застаецца разрыў, абумоўлены разыходжаньнем у моўных стандартах: як і ў 2016, моўцы, якія прытрымліваюцца афіцыйнага правапісу, фэмінізуюць менш, а тыя, хто піша клясычным правапісам — часьцей і больш актыўна.

Цікава назіраць, як журналісты і журналісткі, якія карыстаюцца рознымі стандартамі беларускай мовы, хоць не заўжды, але ўсё ж рэгулярна і ўсё часьцей выкарыстоўваюць фэмінітывы. Яны нярэдка адчуваюць няўпэўненасьць у выбары адпаведнага слова. Многія суайчыньнікі, якія пакінулі Беларусь у апошнія гады, перавезьлі з сабою гэтую няўпэўненасьць.

Такім парадкам, няўпэўненасьць адных моўцаў у пытаньні фэмінітываў і — наадварот — сьмеласьць іншых, заахвочваюць нас працягваць працу дзеля папулярызацыі рэсурсу мовы, які доўгі час маргіналізаваўся — фэмінізацыяй прафэсійных і некаторых іншых найменьняў.

Шукаючы прычыны маргіналізацыі фэмінітываў і няўпэўненасьці моўцаў у іх выкарыстаньні, варта назваць — сярод іншых — уплыў расейскай мовы і ўласнабеларускую патрыярхальнасьць. Якой бы ні была сапраўдная прычына, важна цяпер тое, што беларусы і беларускі актыўна на розных узроўнях вяртаюцца да фэмінізацыі і даведваюцца, што мовазнаўцы (Я. Станкевіч, М. Паўленка, В. Пашкевіч, У. Піскун, П. Сьцяцко, Ю. Пацюпа, Ю. Бушлякоў, Ф. Піскуноў) здаўна займаліся і дасюль працягваюць займацца тэмай фэмінітываў. Такім парадкам, фэмінізацыя — гэта гістарычная і сучасная візытоўка нашае мовы, якая да ўсяго зьвязвае нас з сучасным вонкавым сьветам, калі рэагуе і апісвае вядомыя ў сьвеце зьявы: канцлерка, япіскапка, сьвятарка, біскупка, прэзыдэнтка, прэм'ер-міністарка, генэральная сакратарка, адміралка, генэралка і пад.

У дапаможніку, акрамя ўласна слоўніка фэмінітываў, разьмешчаная інфармацыя пра варыянты фэмінізаваньня беларускай мовы, а таксама пра ключавыя і хутчэй экстрамоўныя праблемы, якія паўстаюць на шляху фэмінізацыі. І ў самым канцы сьцісла падаецца апраўданьне фэмінізацыі. Хацеў бы падкрэсьліць, што дадзены гід — гэта ня толькі навуковая, сацыялінгвістычная спроба зьвярнуць увагу на пытаньне, якое часта замоўчвалася, але і спроба фэмінісцкая, бо фэмінісцкія аналіз і крытыка — неадымная частка сучаснай сацыялінгвістыкі.

За восем гадоў адбылася яшчэ адна істотная зьмена: у заходнім сьвеце ў гендараваных мовах фэмінізацыя з вузкай тэмы стала важнай неадымнай часткай інклюзыўнай мовы і пісьма. Падобная тэндэнцыя назіраецца і ў беларускай мове. У зьвязку з гэтым варта зьвярнуць увагу на адзін нюанс: фэмінізацыя прафэсійных найменьняў застаецца прыярытэтнай, важнай і эмансыпатарскай, аднак часам і яна можа крыўдзіць пэўныя катэгорыі, напр. небінарных асобаў. Таму цалкам прызнаючы эмансыпатарскую місію фэмінітываў, варта акуратна і карэктна абыходзіцца з гэтым рэсурсам, улічваць кантэкст і адчуваць публіку.

Перад тым як мы пяройдзем да слоўніка, хацеў бы вылучыць два моманты, якія ўзьніклі падчас сацыялінгвістычнага аналізу тэмы фэмінізацыі беларускай мовы:

1. Беларуская мова заўсёды фэмінізавала назвы пасадаў, таму крытыкі фэмінізацыі проста ня ведаюць гісторыі мовы. Беларуская мова, ці, калі жадаеце, геній мовы, заўсёды ствараў новыя словы. Лексычная крэатыўнасьць ва

ўсіх мовах зьяўляецца крыніцай узбагачэньня мовы. Таму аргумэнты тыпу «не гучыць», «рэжа вуха» і падобнае, што датычыць фэмінізацыі мовы — суб'ектыўныя і далёкія ад мовазнаўства. Прызнаем, што многія з крытыкаў і крытыцаў фэмінізацыі беларускай мовы робяць гэта пад наўпростым уплывам расейскай мовы, дзе фэмінізацыя, калі не забароненая, дык усяляк мінімізаваная. Прызнаем таксама, што фэмінізацыя — гэта якраз той пласт культуры і мовы, які не павінен успрымацца і трактавацца з пазыцыі чужой мовы. Фэмінізацыя ў старабеларускай, а потым у сучаснай мове адбывалася па сваім уласным сцэнары.

2. Мэта дадзенага гіду і слоўніка — прадэманстраваць моўную разнастайнасьць і падкрэсьліць той факт, што дэвалярызацыя і маргіналізацыя фэмінітываў адбыліся ў гісторыі па прычынах, не зьвязаных з мовай, а па прычынах сацыяльна-палітычных, ідэалягічных. А таму дадзены слоўнік — толькі спроба назваць кабетаў сваімі ўласнымі прафэсійнымі найменьнямі, як гэта рабілася ў старабеларускай мове, як гэта робіцца ў дыялектах, у дыяспарнай мове і, трэба спадзявацца, як гэта рабіцьме мова XXI стагодзьдзя.

Варыянты ўтварэньня фэмінітываў у беларускае мове

1. Большасьць назваў прафэсіяў ці роду заняткаў у жаночым родзе фармуецца з дапамогаю суфіксу *-к-а*, які далучаецца да асновы назоўнікаў мужчынскага роду: *аптэкарка, бухгальтарка, лектарка, дацэнтка, прэзыдэнтка, сьвятарка*[1].
2. Назоўнікі таксама ўтвараюцца з дапамогаю суфіксу *-ух-а/-юх-а* як паралельныя ўтварэньні ад дзеяслова: бегаць — *бягун, бягуха*; рагатаць — *рагатун, рагатуха*; коўзацца — *каўзун, каўзуха*; скакаць — *скакун, скакуха*. Як тлумачыць П. Сьцяцко[2], беларускай мове неўласьцівы фэмінны суфікс *-j-а*, які можам назіраць у расейскай мове: говорун — *говорунья*, хохотун — *хохотунья*. Хоць і ў нас сустракаецца, праўда, вельмі рэдка, падобнае

---

[1] Але некаторыя словы, наадварот, узьніклі ад жаночых формаў (гэтак званая рэдэрывацыя): *даяр* ад даяркі, напрыклад.
[2] П. Сцяцко, Культура мовы, Мінск, 2002, с. 28.

словаўтварэньне: *прыгажуня (прыгажэць — прыгажун)*, *красуня (красаваць — красун)* і *харашуня (харашэць — харашун)*.
3. Іншы варыянт фэмінізацыі мажлівы з дадаваньнем да мужчынскай асновы *-нік/-цель* суфіксу *-ніц-а (будаўніца, чараўніца, натхніцельніца, будзіцельніца)*.
4. Таксама магчыма стварыць фэмінітыў з дапамогай суфіксу *-іц-а/-ыц-а (караліца, царыца)*[3]. Цалкам прымальна пашырыць ужываньне суфіксу *-іц-а/-ыц-а* для стварэньня жаночых формаў словаў, якія застаюцца пакуль выключна мужчынскімі: пэдагог — *пэдагогіца*[4], дэмагог — *дэмагагіца (дэмагогіца)*, біёляг — *біялягіца*, геоляг — *геалягіца*, філёляг — *філялягіца*, генэтык — *генэтыца*, сыноптык — *сыноптыца*, вірусоляг — *вірусалягіца* і пад. Як паказаў Я. Станкевіч[5] і іншыя граматысты, напрыклад, складальнікі слоўнічка «Старабеларускі лексікон»[6], у старабеларускай мове, а таксама

---

[3] У дадзены варыянт уваходзяць усе словы з суфіксам *-чыц-/-шчыц-* (*разносчыца, арматуршчыца*), прынятым у афіцыйным правапісе. У тарашкевіцы такі варыянт фіксуецца як расейскі. У сучаснай вэрсіі тарашкевіцы ўсе наркамаўскія фэмінітывы тыпу *прыбіральшчыца, фрэзэроўшчыца* перафарматоўваюцца на *прыбіральніца, фрэзэроўніца* і пад. Гл.: З. Саўка, Моўны мануал, https://web.archive.org/web/20240602071323/https://dobrapis.belsat.eu/wp-content/themes/twentytwentyone-child/files/Manual.pdf.

[4] Я. Брыль, Дзе скарб наш, Мінск, 1997, с. 197.

[5] Я. Станкевіч, Аб некаторых словах і хормах нашае мовы, Збор твораў у двух тамах, т. 2, Мінск, 2002, с. 153.

[6] М. Прыгодзіч і Г. Ціванова, Старабеларускі лексікон, Мінск, 1997.

ў жывых дыялектах прадукцыйнасьць дадзенага фарманту дастатковая, каб не ігнараваць яго. Дарэчы, варта адзначыць, што дзеці здаўна актыўна выкарыстоўваюць гэты суфікс: *хіміца* (настаўніца хіміі), *фізыца* (настаўніца фізыкі), *астранаміца* (настаўніца астраноміі), *беларусіца* (настаўніца беларускай мовы), *русіца* (настаўніца расейскай мовы) й г.д. У праграме «Па-беларуску з Вінцуком Вячоркам» на «Радыё Свабода» мовазнаўца нядаўна апытаў і прааналізаваў сытуацыю з назвамі школьных настаўніцаў і настаўнікаў[7]. І прадэманстраваў жывучасьць суфіксу -*іц-а/-ыц-а*, які ўжываўся яшчэ з часоў старабеларускай мовы. Праўда, мовазнаўца канстатаваў паступовы пераход сучасных шкаляроў — няма сумневу, пад уплывам расейскай мовы — да такіх раней невядомых у Беларусі назоваў настаўніцаў, як *фізічка, матэматычка, русічка* і пад.

5. Варыянт з дапамогаю суфіксаў -*ін-а/-ін-я, ын-а/-ын-я*: *графіня, княгіня, майстрыня, варагіня*. У старабеларускай мове: *зьміна, грекына, канцлерына(я)* і пад. У дыяспарнай беларускай мове сустракаем яшчэ *выканаўчыня*. Гэтыя суфіксы маюць патэнцыял пашырацца і спараджаць новыя словы (і некаторыя ўжо ўвайшлі ва ўжытак): *фатаграфіня, касмэталягіня* (і *касмэталягіца*), *акадэміня* (і *акадэміца*),

---

[7] «Беларусіца» — зьнявага ці камплімэнт? Радыё Свабода, 18.07.2016, https://www.svaboda.org/a/vincuk-viacorka-bielarusica/27863780.html.

стратэгіня (і *стратэгіца*), *філялягіня* (і *філялягіца*), *геаграфіня* (і *геаграфіца*), *хірургіня* (і *хірургіца*), *астранаміня* (і *астранаміца*), *псыхалягіня* (і *псыхалягіца*), *канцлерыня* (і *канцлерка*).

6. Наступны хутчэй рэдкі ў беларускай мове варыянт з суфіксам *-эс-а/-ес-а*: *баранэса* (*баронка*), *паэтэса* (*паэтка*), *вікантэса* (*віконтка*), *крытыкеса* (*крытыца*), *папэса* і пад.

7. Іншыя назвы прафэсіяў у жаночым родзе ствараюцца з дапамогаю фармантаў *-оўк-а/-аўк-а*: *бізнэсоўка, спартоўка, вайскоўка, яхтоўка, дынамаўка* (у мужч. родзе ў гэтых выпадках да кораня дадаецца *-овец/-авец*: *бізнэсовец, спартовец, дынамавец* і пад.).

8. Як варыянт фэмінізацыі некаторых *Nomina agentis* можна прыняць шлях, прапанаваны — не без уплыву польскай мовы — у першай палове XX стагодзьдзя Я. Станкевічам[8], Я. Купалам[9], В. Пашкевіч[10] і некаторымі іншымі: утварэньне назоўнікаў накшталт прыметнікаў з суфіксамі *-істы/-істая*, *-ысты/-ыстая*, напрыклад: *драматысты, драматыстая, анархісты, анархістая* і г.д. З аднаго боку, гэта цудоўная магчымасьць разьвязаць гендарную

---

[8] Я. Станкевіч, Асаблівасьці мовы вялікалітоўскае (беларускае) у назіраньнях Адама Варлыгі, Збор твораў у двух тамах, т. 2, Менск, 2002, с. 516.
[9] Я. Купала, Поўны збор твораў у 9 т., т. 9, кн. 1, Мінск, 2003, с. 641–686.
[10] В. Пашкевіч, Беларуская мова — Fundamental Byelorussian, Toronto, 1974 (кніга 1), с. 68.

няроўнасьць у мове. З другога боку, зразумела, вяртаньне гэтай мадэлі словаўтварэньня ўносіць блытаніну ў сучасны словатворчы працэс, а разам з тым — чарговы ўздым моўнага валюнтарызму. Але дзеля гістарычнай разнастайнасьці і паўнаты гэтую мадэль неабходна мець на ўвазе.

9. Асобна трэба вылучыць архаічную мадэль словаўтварэньня, калі жаночыя назоўнікі, як пазначае лінгвіст Ю. Пацюпа, «маюць форму цалкам незалежную ад мужчынскае»[11]. Бо звычайна жаночыя намінацыі фармуюцца ад выточных мужчынскіх, але ёсьць некалькі словаў, якія сфармаваліся без усякай сувязі і раней за мужчынскія адпаведнікі: *жняя* (муж. жнец), *хаджая* (муж. хадзец). Яшчэ адзін жаночы назоўнік стаіць асобкам у беларускай мове: *удава*, слова, ад якога сфармавалася мужчынская форма *удавец*, а не наадварот, як звычайна.

10. І апошняя, досыць рэдкая, але здаўна актыўная мадэль словаўтварэньня і фэмінізацыі, мажлівая дзякуючы субстантывацыі, то бок пераходу іншых часьцінаў мовы ў назоўнік (пераважна пераход прыметнікаў у назоўнік)[12]: *аратая, беспрацоўная, дзяжурная, кля-*

---

[11] Ю. Пацюпа, Жанчына і мова / Роля жанчыны ў беларускім грамадстве, Матэрыялы канферэнцый "Роля жанчыны ў беларускім грамадстве" (Гродна, лістапад, 2000 г.) і "Роля жанчыны ў вырашэньні праблем грамадства" (Гродна, сакавік, 2001 г.), Гродна, 2001, с. 48.

[12] Л. Шакун, Словаўтварэньне, Мінск, 1978, с. 94.

сная настаўніца, *служачая* і пад. Гісторыкі мовы зафіксавалі даўнія карані падобнай зьявы, вядомыя ўжо ў пэрыяд старабеларускай мовы[13], напрыклад, *канцлеровая, пісаровая*[14].

---

[13] Ю. Пацюпа, Культура беларускай мовы (Лекцыі 1–2), https://web.archive.org/web/20231129082454/https://belcollegium.com/yuras-pacyupa-kultura-belaruskaj-movy-lekcyi-1-2/.

[14] В. Вайтовіч, Марфолага-сінтаксічнае ўтварэнне канцылярска-справаводчай лексікі старабеларускай мовы, https://web.archive.org/web/20180329002927/http://elib.bsu.by/bitstream/123456789/27315/1/Вайтовіч-Марфолага-сінтаксічнае%20ўтварэнне-79-84.pdf.

Праблемнае поле: аднагучча, немілагучнасьць, насьмешлівасьць і зьневажальнасьць

Як бы гэтаму ні супрацьстаялі пэўныя сілы, інстытуцыі і асобы, беларуская мова заўсёды фэмінізавала і працягвае фэмінізаваць *Nomina agentis* і іншыя жаночыя намінацыі. Марфалягічна гэта магчыма з амаль усімі словамі за рэдкім выняткам (*Папа Рымскі*, але была вядомая *папэса* Яна; *патрыярх* — гіпатэтычна фэмінізацыя магчымая, але пакуль няма кабеты ў чыне патрыярха). Нядаўна мова адкрылася і пачала даволі актыўна фэмінізаваць агентывы тыпу *канцлер — канцлерка, япіскап — япіскапка, сьвятар — сьвятарка, прэзыдэнт — прэзыдэнтка, акадэмік — акадэміня, палкоўнік — палкоўніца, банкір — банкірка* і г.д. Мовы бальшыні народаў, дзе існуе катэгорыя жаночага роду, збольшага рэагуюць на сацыяльныя, гендарныя зьмены і фэмінізуюць назвы пасадаў, таму насьцярожанасьць афіцыйнай беларускай мовы ў пытаньні фэмінізацыі выглядае выключна кансэрватыўна.

Пры гэтым неабходна пагадзіцца, што фэмінізацыя мовы можа гучаць нязвыкла, выклікаць пэўную нязручнасьць і няўпэўненасьць, стварыць блытаніну. Лінгвісты зьвяртаюць увагу на патэнцыйныя праблемы аднагучча, немілагучнасьці, гутарковасьці, зьневажальнасьці. Часта крытыкі ці баязліўцы фэмінізацыі тлумачаць немажлівасьць фэмінізацыі якраз з-за аднагучча ці немілагучнасьці фэмінітываў. Ніжэй мы падрабязьней разгледзім асноўныя перашкоды перад фэмінізацыяй у беларускай мове і страхі, якія яна выклікае.

1. Аднагучча

Так, беларускі публіцыст, палітоляг з дыяспары Янка Запруднік выказаўся цалкам за фэмінізацыю мовы, бо гэта «заканамэрны працэс», але ж засьцярожыў, што «не заўсёды магчыма фэмінізаваць», бо паўстае праблема аднагучча (напрыклад, *друкар — друкарка*, дзе друкарка гэта і машына, якая друкуе, і кабета-друкар, *сьлесар — сьлесарка, капач — капачка* і пад.).[15]

Сапраўды, варта адзначыць, што некаторыя жаночыя формы з *-к-а* могуць прыўносіць пэўную блытаніну ў мову. Так, словы *вадалазка, грабарка, ананімка, службэка (службоўка)* азначаюць

---

[15] У. Гарбацкі, Фэмінізацыя беларускай мовы. Сацыялінгвістычнае дасьледаваньне, Вільня, 2019, с. 175–176.

ня толькі пасады, прафэсіі ці проста намінацыі жаночага роду, але яшчэ адпаведна тып вопраткі, колак (*дрогі для перавозкі*), ананімнае пасланьне і дакумэнт, напісаны службовай асобай. І ўсе яны пішуцца і гучаць аднолькава. Тым ня менш, гэтыя шматзначныя словы цудоўна разумеюцца ў кантэксьце. Хіба мы блытаем слова *дыплямат*, якое азначае адначасова і маленькі сакваяж, і мужчыну-дыплямата? Альбо слова *сакратар*, якое азначае стол-бюро і чалавека, які працуе за сакратара? Альбо *макацёр* — збан, у якім труць мак, і чалавека, які трэ мак? Альбо слова *гід*, якое можа азначаць як чалавека, які працуе гідам, так і дапаможнік, кнігу з тлумачэньнямі пра места, краіну. З кантэксту заўжды бачна, пра што, пра каго размова. Таму нас не павінны палохаць гэтыя не заўсёды адназначныя моўныя сытуацыі. Тое ж самае можна сказаць пра слова *коньніца*. Традыцыйна мы разумеем пад гэтым паняткам кавалерыю, але слова мае яшчэ адно значэньне — «*вершніца, язьдзіца*». Яно актыўна ўжывалася ў 20–30-ыя гады ХХ стагодзьдзя ў спартовай лексыцы, а таксама сустракалася ў прэсе пасьля вайны як сынонім вершніцы (напрыклад у «Чырвонай Зьмене», 1969 год).

Пытаньне аднагучча заўсёды вырашаецца праз разуменьне кантэксту. Палісэмія (шматзначнасьць) узбагачае мову і не перашкаджае ейнаму функцыянаваньню. У мове заўсёды існавалі і накладаліся лексычныя аднагучнікі, да ўсяго сытуацыя можа ўскладняцца тым, што слова мае адрознае значэньне ў дыялектах: *кіраўніца* паводле афіцыйнай мовы — кабета, якая кіруе калектывам, прадпрыемствам, а ў віцебскай рэгіянальнай мове — стырно ровара; *машыністка* — кабета, якая працуе на пісальнай машынцы, а таксама ў размоўнай мове — кабета, якая кіруе цягніком; *пілётка* — галаўны ўбор, а таксама ў тарашкевіцы і ў размоўнай мове — кабета, якая вядзе лятак. А яшчэ ў беларускіх гаворках на памежжы з Польшчай пілётка азначае кандуктарку (і тут гэта — палянізм).

2. Немілагучнасьць

Акрамя аргумэнту пра аднагучча часта даводзіцца чуць, што фэмінітывы «непрыгожа гучаць», «рэжуць вуха», «гучаць дзіўна», альбо «так ня кажуць» ці «гэта прастамоўе». Напрыклад, падчас сэмінару па фэмінізацыі мовы ў 2007 годзе давялося пачуць: «Што за паэтка, калі ёсьць паэт ці хаця б больш «шляхетная» паэтэса?» У моўнай праграме «Па-беларуску з Вінцуком Вячоркам» на «Радыё Свабода»[16] лінгвіст выказаў думку, што «немілагучнасьць» беларускай мовы, у тым ліку жаночых агентываў, для цяперашніх расейскамоўных беларусаў вырастае з клеймаваньня фэмінізацыі ў расейскай мове. Аднак многія беларускамоўныя таксама асьцярожна ставяцца да фэмінізацыі мовы, і аргумэнт аб немілагучнасьці чась-

---

[16] «Беларусіца» — зьнявага ці камплімэнт? Радыё Свабода, 18.07.2016, https://www.svaboda.org/a/vincuk-viacorka-bielarusica/27863780.html.

цяком дамінуе і ў іх.[17] Асабліва немілагучнымі ўспрымаюцца новыя і часта ўяўныя фэмінітывы кшталту *канцлерка, акадэмінія, стратэгіня, чаліца-карэспандэнтка, членка-карэспандэнтка, палітыкеса* ці *палітыкіня* і г. д.

Цікава, што беларускамоўных часта карабацяць новыя, патэнцыйныя ці ўяўныя фэмінітывы і зусім не раздражняюць старыя грувасткія фэмінітывы, што ўжо прыжыліся ў афіцыйнай традыцыі, напрыклад: *фрэзэроўшчыца, сарціроўшчыца, прадаўшчыца, элеватаршчыца*; ці такія словы-канструкты, як *жанчына-шафёр* ці *жанчына-касманаўт*. Ды й без фэмінітываў у мове хапае немілагучнасці, якая тым ня менш застанецца прымальнай, напрыклад, шматлікія барбарызмы і ксенізмы ў мове (*стартап-школа, стартап-фірма, падкаст, плэй-оф, кейтэрынг, шорт-ліст, стыкер, тролінг, think tank, воркшоп, дэдлайн, URL, tax-free, WC, soft, sms, сэканд-хэнд, PC, on-line, MP4, IP, hands free, HI-FI, WI-FI, GSM, флэшмоб, FM, duty-free, dolby, DVD*). Непаслядоўныя тыя беларусы і беларускі, якіх не палохаюць англіцызмы, але так палохаюць свае натуральныя, няхай і новыя, словы.

---

[17] У. Гарбацкі, Фэмінізацыя беларускай мовы. Сацыялінгвістычнае дасьледаваньне, Вільня, 2019, с. 165–177.

3. Абясцэньваньне, прыніжэньне, насьмешлівасьць і зьневажальнасьць

Наступны аргумэнт крытыкаў фэмінізацыі мовы палягае ў тым, што жаночыя формы абясцэньваюць пасаду (*шэф-повар* — гэта прэстыжней, чымся *шэф-поварка* ці *шэфіца-поварка*, *кутур'е* салідней за *кутур'ерку*, *акадэмік* салідней за *акадэміню*, *генэральны сакратар* — гэта сур'ёзьней за *генэральную сакратарку*, бо апошні варыянт сугучны з проста *сакратаркай* і пад.). То бок для некаторых фэмінізацыя абясцэньвае званьне, пасаду ці ўспрымаецца зьняважліва. Уплыў расейскай мовы ў падобным аргумэнтаваньні відавочны: зноў прыгадаем тут тэзу В. Вячоркі аб нэгатывізацыі жаночых агентыўных намінацый у беларускай мове пад уплывам расейскай мовы. Таксама можна прыгадаць «Расейска-беларускі слоўнік» К. Крапівы, у якім *прэзыдэнтка* падаецца як жартлівае слова[18]. Часьцяком самі кабеты выступаюць супраць фэмінізацыі ўласных званьняў, бо гэта ім гучыць сьмешна і, на іх думку, мяняе да горшага стаўленьне іншых да іх занятку ці прафэсіі. Зьява адмоўнага стаўленьня саміх кабетаў да фэмінізацыі мовы вядомая ў гісторыі кожнай мовы: так, у французскай мове Францыі, а яшчэ больш — Бэльгіі, кабеты напачатку адмаўляліся фэмінізоўваць свае пасады, бо баяліся насьмешак з боку калегаў-мужчынаў. Але паступова пад уплывам дэкрэтаў, цыркуляраў і

---

[18] Русско–белорусский словарь в 3 т., Мінск, 2002.

звычкі фэмінітывы актыўна ўвайшлі ва ўжытак[19]. Цяпер, наадварот, нефэмінізаваньне ўважаецца памылкай. Паглядзім на нашых суседзяў-летувісаў, у мове якіх фэмінізуюцца ўсе пасады (за выняткам адной — *modelis* — мадэль), а памылкай будзе не фэмінізаваць пасаду ці званьне кабеты.

Дарэчы, крытыка ў бок фэмінізацыі йдзе часта і з боку беларускамоўных пісьменьнікаў, якія ўспрымаюць яе як прыніжэньне. Так, віцебскі пісьменьнік Сяргей Рублеўскі[20] заўважае, што словы «*паэтка і паэтэса — гэта полавае прыніжэньне, якое прыдумалі літаратурныя артадоксы*». Пісьменьнік выступае за распаўсюд формаў тыпу «*жанчына-крытык, жанчына-празаік, жанчына-рэдактар, жанчына-паэт*». Пры гэтым пісьменьнік забывае, што вядомыя беларускія паэткі — Цётка, Н. Арсеньнева і Л. Геніюш — часта вызначалі сябе паэткамі.

Палова рэспандэнтаў апытаньня «Пэрспэктывы фэмінізацыі мовы» прызналі, што з-за ўплыву расейскай мовы, у якой фэмінізацыя мае хутчэй нэгатыўнае ці выключна размоўнае значэньне, у беларускай мове абодвух узусаў дамінуе зьняважлівае стаўленьне да фэмінізацыі[21]. Яе недаацэньваюць, нягледзячы на падтрымку з боку

---

[19] B. Fracchiolla, Anthropologie de la communication : la question du féminin en français, Corela 6(2), 2008, с. 6.
[20] С. Рублеўскі, Паспець надыхацца, Мінск, 2012, с. 48.
[21] У. Гарбацкі, Фэмінізацыя беларускай мовы. Сацыялінгвістычнае дасьледаваньне, Вільня, 2019, с. 165–177.

некаторых лінгвістаў (П. Сьцяцко[22], Ю. Бушлякоў[23], В. Вячорка[24]).

Зрэшты, насьмешлівы, гіранічны сэнс маюць фэмінітывы з расейскім суфіксам *-ш-а*: *бібліятэкарша, генэральша, прэзідэнша, губэрнатарша* і пад. Само ўжываньне нелітаратурнага суфіксу — гэта пэўны моўны збой, расеізм, а таму падобныя словы павінны ўспрымацца як памылка.

4. Эканомія мовы

Іншы аргумэнт супраць фэмінізацыі мовы таксама зусім ня моўны, а сацыяльны і досыць суб'ектыўны — эканомія мовы. Частка рэспандэнтаў апытаньня «Пэрспэктывы фэмінізацыі мовы» ў цэлым спрыяльна ставілася да зьявы, але тлумачыла проста, што ўвод фэмінітываў абцяжарвае тэкст (накшталт *Грамадзянкі і грамадзяне! Пасажыры і пасажыркі!* і пад.). А таму дзеля ляканічнасьці і мілагучнасьці фэмінітываў у тэксьце лепей пазьбягаць.

Супраць дадзенага аргумэнту паўстае адзін контраргумэнт: мова называе, азначае, ахоплівае кожнага і кожную, а таму ў прамовах, зваротах мова «грукае» да ўсіх грамадзянаў і грамадзянак. Гэта, канечне, вынікае зь неабходнасьці быць

---

[22] П. Сцяцко, Культура мовы, Мінск, 2002, с. 28.
[23] Ю. Бушлякоў, Жывая мова, Радыё Свабода, 2013, с. 84.
[24] «Беларусіца» — зьнявага ці камплімэнт? Радыё Свабода, 18.07.2016, https://www.svaboda.org/a/vincuk-viacorka-bielarusica/27863780.html.

ветлівымі і палітычна-карэктнымі. Але гэта таксама і дэмакратычны крок.

5. Блытаніна з-за адсутнасці фэмінізацыі

Мы пералічылі асноўныя аргумэнты крытыкаў фэмінізацыі мовы. Цяпер час назваць адзін вельмі просты аргумэнт на карысьць фэмінізацыі: фэмінітыў ці маскулінітыў адразу ўдакладняе ідэнтычнасьць чалавека, спэцыяліста ці спэцыялісткі.

Напрыклад, зварот да чалавека з прозьвішчам Процька ў беларускай мове можа стаць праблемай, стварыць блытаніну ці выклікаць нечаканую крыўду. Паводле дамінуючай традыцыі падачы выключна маскулінітываў, пошук нам выдае: «Л.Т. Процька, кандыдат навук». Вы пішаце ліст і пачынаеце: «Спадар...». А ў адказ атрымліваеце: «Я не спадар, а спадарыня». То бок ужываньне фэмінітываў, як і маскулінітываў, нясе неабходнае тлумачэньне, абазначэньне. Але ж зацятая традыцыя ўжываць нібыта ўнівэрсальныя маскулінітывы-агентывы (у гэтым выпадку — «кандыдат») стварае блытаніну, незразумеласьць і часам кур'ёзныя, анэкдатычныя гісторыі.

Так, часам зьдзіўляешся, чытаючы шапкі ў газэтах: «Прэзыдэнт Эстоніі заручыўся з кіраўніком кібербясьпекі Латвіі». Толькі потым ты разумееш, што размова не пра гей-шлюб, а пра гетэрашлюб паміж прэзыдэнтам Эстоніі і кіраўніцай службы кібэрбясьпекі МУС Латвіі. Многія іншыя шапкі ў газэтах не такія вясёлыя і могуць пакідаць адчуваньне незавершанага, недапісанага, не зусім гарманічнага з пункту зору культуры мовы: «Памерла авангардны архітэктар Заха Хадзід», «Бронзавы прызёр Алімпійскіх гульняў у Пекіне Глафіра Марціновіч распавяла, чаму выбрала прафесію стаматолага», «У Саудаўскай Аравіі абрана першы дэпутат-жанчына», «Бірма: лідар апазіцыі прыбірае на вуліцах сьмецце» і г.д. У апошняй шапцы не адразу разумееш, што гутарка йдзе пра слынную дысыдэнтку, лідарку Аўн Сан Су Чжы.

Блытаніна, зьмяшчэньне сэнсу і вобразаў адбываюцца ня толькі падчас чытаньня газэтаў. Пераклад тэкстаў, дубляваньне фільмаў і тытры на розных мовах часам мяняюць вобраз і карціну, першапачаткова задуманыя аўтарамі. Узяць, напрыклад, вядомы амэрыканскі фантастычны фільм «Divergence» (2014). Геройка фільму — дзяўчына-інсургентка, якая паўстае супраць сыстэмы. Цікава і важна, у тым ліку з сацыялінгвістычнай і гендарнай пэрспэктываў, як назва фільму перакладалася на розныя мовы. Па-летувіску, па-польску, па-француску яна фэмінізавалася (*Insurgentė, Niezgodna* і *Divirgente*), бо галоўнай пратаганісткай была дзяўчына. Па-ангельску і па-француску ў квэбэцкай вэрсіі пакідалася агульная назва зьявы — «дывэргенцыя» (Divergence). А вось па-расейску і па-ўкраінску назва маскулінізавалася (*Дивиргент* і *Дівергент* адпаведна). Гэты міні-зрэз пяці перакладаў дэманструе выкарыстаньне фэмінітыву ў тых культурах, дзе йдуць актыўныя эгалітарысцкія працэсы (Польшча, Летува, Францыя), і ігнараваньне фэмінітыву ў культурах аўтарытарнага і каляаўтарытарнага на той час тыпу (Расея, Украіна). На беларускую мову фільм не перакладаўся.

Крыніцы фэмінітываў

Гістарычны слоўнік беларускай мовы, Менск, 1982–2016.

Слоўнік субстантыўнай лексыкі старабеларускай мовы (у 2 т.), склад. І.У. Будзько [і інш.]; пад рэд. А.М. Булыкі, Менск, 2013.

Беларускі тлумачальны слоўнік, Менск, 1996

Дыялектныя слоўнікі: М. Касьпяровіч, Віцебскі краёвы слоўнік, Смаленск, 2015; М. Шатэрнік, Краёвы слоўнік Чэрвеншчыны, Смаленск, 2015; В. Добровольский, Смоленский областной словарь, Смоленск, 1914; Р. Барадулін, Вушацкі словазбор, Менск, 2013; Рэгіянальны слоўнік Віцебшчыны, Віцебск, 2012–2014; Тураўскі слоўнік, Менск, 1982–1987.

Спэцыялізаваныя слоўнікі (аўтарскія слоўнікі Я. Ціхінскага, Ф. Янкоўскага, А. Цыхуна, А. Каўруса).

Газэта «Наша Ніва» (таксама інтэрнэт-бачына), 2000–2015.

У. Гарбацкі, Фэмінізацыя беларускай мовы. Сацыялінгвістычнае дасьледаваньне, Вільня, 2019 (перавыдадзена ў Лёндане ў 2024 г.).

Газэта «Звязда» (таксама інтэрнэт-бачына), 2000–2015.

Газэта «Новы Час» (таксама інтэрнэт-бачына), 2016.

Газэта «Чырвоная Змена», 1969–1980.

Газэта «Настаўніцкая газета», 1970–1975.

Газэта «Ніва» (Польшча), 1959–1960.

Часопіс «АРХЭ» (таксама інтэрнэт-бачына).

Часопіс «Беларуская лінгвістыка».

Часопіс «Роднае слова».

Часопіс «Работніца і Сялянка», 1931–1941, 1946.

Часопіс «Чырвоная Беларусь», 1930–1933.

Дыяспарныя газэты і часопісы: «Бацькаўшчына», 1947–1953, «Беларускі Голас», 1952–1980, «Беларускі Эмігрант», «Беларус», 1949–1971, «Na Šlachu», 1951, «Беларускія навіны», 1945–1947, «Баявая Ўскалось», 1962–1971, «Водгаласы», 1949–1992.

Вэбсайт «Радыё Свабода».

Тэксты беларускага прыгожага пісьменства: Цётка, М. Зарэцкі, У. Гарэцкі, З. Бядуля, К. Чорны, Ю. Віцьбіч, А. Кулакоўскі, А. Жменя (Л. Гарошка), Ф. Аляхновіч, В. Адважны, Д. Бічэль, Я. Брыль, Ф. Янкоўскі, В. Коўтун, В. Быкаў, Р. Барадулін, А. Васілевіч, Л. Рублеўская, У. Арлоў.

Успаміны, мэмуары: З. Кіпель, З. Верас, А. Адамовіч, Б. Данілюк, Л. Савёнак, Ю. Сабалеўскі, П. Урбан, П. Татарыновіч, В. Бірыч.

У слоўніку таксама задзейнічаныя новатворы, агучаныя падчас гульні і сэмінару «Фэмінізацыя мовы»[25], а таксама фэмінітывы, сабраныя ў сеціве, якія выкарыстоўваюць беларускія фэміністы і фэміністкі, напр. *акадэмініа, акадэміца, стратэгіня, празаіца.*

Гэты слоўнік ахоплівае найбольш праблемныя і цікавыя словы і не прэтэндуе на паўнату — праца па зьбіраньні поўнага сьпісу фэмінітываў-агентываў беларускай мовы толькі пачынаецца.

---

[25] У. Гарбацкі, Фэмінізацыя беларускай мовы. Сацыялінгвістычнае дасьледаваньне, Вільня, 2019.

Слоўнік фэмінітываў

А

аанаўка — аанавец
абаронка — абаронец
абарыгенка — абарыген
абатка, абатыса — абат
абітурыентка — абітурыент
абкладніца — абкладнік
абліцоўніца — абліцоўнік
абмотніца — абмотнік
абойніца — абойнік
абпальніца — абпальнік
абранка — абранец
абраньніца — абраньнік
абутніца — абутнік
абцірніца — абцірнік
абшарніца — абшарнік
абывацелька — абывацель
авангардыстка — авангардыст
аварыйніца — аварыйнік
авіятарка — авіятар
авэрлочніца — авэрлочнік
агародніца — агароднік
агентка, агентыца — агент
агітатарка — агітатар
аглядальніца — аглядальнік
агнастыца — агностык
агненьніца — агненьнік

аграномка, агранаміца, аграномая — аграном
аграрніца — аграрнік
агрэсарка — агрэсар
агучвальніца — агучвальнік
адбойніца — адбойнік
адвакатка, адвакатэса — адвакат
адзоўніца — адзоўнік
адзьверніца — адзьвернік
адкрывальніца — адкрывальнік
адміністратарка — адміністратар
адміралка, адміраліца — адмірал
адмоўніца — адмоўнік
адмыслоўка — адмысловец
аднаасобніца — аднаасобнік
аднаверка, аднаверніца, аднаверца (суп. род) — аднаверца
аднагодзіца — аднагоднік
аднадумка, аднадуміца — аднадумца
аднамысьніца — аднамысьнік
адпачыньніца — адпачыньнік
адпраўніца — адпраўнік
адраджэнка — адраджэнец
адраджальніца — адраджальнік
адрасантка — адрасант
адрачэнка — адрачэнец
адстаўніца — адстаўнік
адступніца — адступнік
ад'ютантка — ад'ютант
адыходніца — адыходнік
адэптка — адэпт

акадэміца, акадэміня — акадэмік
акампаніятарка — акампаніятар
акано́мка — акано́м
акардэаністка — акардэаніст
аквалянгістка — аквалянгіст
акванаўтка — акванаўт
акварэлістка — акварэліст
акіяналягіня — акіяноляг
акрабатка — акрабат
актарка — актар
акторка — актор
акушэрка — акушэр
акцыянэрка — акцыянэр
айцішніца — айцішнік
алапатка — алапат
алейніца — алейнік
алігархіца, алігархіня — алігарх
алімпійка — алімпіец
альпіністка — альпініст
альхіміца, альхеміца — альхімік, альхемік
альбанка — альбанец
амапаўка — амапавец
аматарка, аматорка — аматар
амбасадарка, амбасадарыца — амбасадар
анкалягіца, анкалягіня — анколяг
аналітыца — аналітык
ананімка — анані́м
ананімніца — ананімнік
анатамка, анатаміца, анатамічка — анатам
анахарэтка — анахарэт
андралягіня — андроляг

аніматарка — аніматар
анкалягіня — анколяг
антаганістка — антаганіст
антрапалягіня — антраполяг
антрэпрэнэрка — атрэпрэнэр
антыкварка — антыквар
анэстэзыялягіня — анэстэзыёляг
апазыцыянэрка — апазыцыянэр
апалчэнка — апалчэнец
апальніца — апальнік
апалягетка — апалягет
апанэнтка — апанэнт
апаратніца — апаратнік
апілоўніца — апілоўнік
аплікантка — аплікант
апрасоўніца — апрасоўнік
апраўніца — апраўнік
аптэкарка, аптэкарыца — аптэкар
аптыца — оптык
апэратарка — апэратар
апякунка — апякун
аракуліца, аракулка — аракул
арандарка — арандар
арандатарка, арандаўніца — арандатар, арандаўца (суп. род)
аратарка — аратар
аратая — араты
артыстка — артыст
арганізатарка — арганізатар
арганістка — арганіст
ардынатарка — ардынатар

аркестрантка — аркестрант
армейка — армеец
археалягіня — археоляг
архіварыюска — архіварыюс
архівістка — архівіст
архітэктарка — архітэктар
арцельніца — арцельнік
асіліца — асілак
аскетка — аскет
астралягіня, астралягіца — астроляг
астраномка, астранаміца — астраном
астранаўтка — астранаўт
асьветніца — асьветнік
асьпірантка — асьпірант
асэсарка — асэсар
атаманка — атаман
атамніца — атамнік
аташэ (суп. род) — аташэ
атлетка — атлет
атрымальніца — атрымальнік
атэістка — атэіст
аўдытарка — аўдытар
аўкцыёньніца — аўкцыёньнік
аўтаматніца — аўтаматнік
аўтарка, аўтарыца, аўторка, аўтарыня — аўтар
аўтсайдарка — аўтсайдар
аўчарка (пастушка) — аўчар
афіцыйніца — афіцыйнік
афіцыянтка — афіцыянт
афіцэрка, афіцэрыца — афіцэр

ахавальніца — ахавальнік
ахвотніца — ахвотнік
ахоўніца (целаахоўніца) — ахоўнік
ацэньніца — ацэньнік

Б

бабінажніца — бабінажнік
бабслэістка — бабслэіст
багамолка — багамол
багаслоўка, багасловіца — багаслоў
багатырка — багатыр
багоўна, багіца, бажыца, багіня, багавіца — бог
бажэньніца — бажэньнік
базыліса — базыліск
байдарачніца — байдарачнік
байкапіска — байкапісец
байкарка — байкар
бакалярка — бакаляр
баксэрка — баксэр
бактэрыялягіня — бактэрыёляг
балаголка, балаголіца — балагол
балалаечніца — балалаечнік
балансэрка — балансэр
балетмайстарка — балетмайстар
балетніца — балетнік
баліўка — балівец
бальшавіца — бальшавік
бамбардыстка — бамбардыст
бандурыстка — бандурыст
банкірка — банкір
банкрутка, банкруцелька — банкрут

баптыстка — баптыст
барацьбітка — барацьбіт
бар'ерыстка — бар'ерыст
барніца — барнік, бармэн
баронка, баранэса, баранова — барон
барчыца, барчыня, борка — барэц
баскетбалістка — баскетбаліст
барышніца — барышнік
басчанка, басконка — баск
батаніца — батанік
батутыстка — батутыст
баярка, баярыца, баярыня — баяр
баяўніца — баяўнік
беладрэўніца — беладрэўнік
беларусазнаўка, беларусазнаўца (суп. род) — беларусазнавец
беларусістка — беларусіст
белетрыстка — белетрыст
берасьцейка — берасьцеец
берасьцянка — берасьцянін
бярэйтарка — бярэйтар
бесхацінка — бесхацінец
бібліёграфка — бібліёграф
біблістка — бібліст
бібліятэкарка — бібліятэкар
біёграфка — біёграф
бізнэсоўка — бізнэсовец
біскупка — біскуп
бітніца — бітнік
біялягіца — біёляг
біятляністка — біятляніст

бондарка — бондар
бортмэханіца — бортмэханік
бортніца — бортнік
бортправадніца — бортправаднік
бортрадыстка — бортрадыст
боска — бос
бразылка, бразыліца — бразылец
бракёрка — бракёр
брамкарка — брамкар
брамніца — брамнік
брасістка — брасіст
брашуроўніца — брашуроўнік
брокерка — брокер
брыгадзірка — брыгадзір
бубначка — бубнач
будаўніца — будаўнік
будзіцельніца, будзіцелька — будзіцель
буерыстка — буерыст
букіністка — букініст
булачніца — булачнік
бульбаводка — бульбавод
буракаводка — буракавод
бургамістарка — бургамістар
бурмістарка — бурмістар
бухгалтарка — бухгалтар
бытапісальніца — бытапісальнік
бэбісітарка — бэбісітар
бэльгіца, бэльгійка — бэльг, бэльгіец
бэрбэрыца, бэрбэрка — бэрбэр
бэтоньніца — бэтоньнік
бюракратка — бюракрат

бягуха — бягун
бязьдзетніца — бязьдзетнік

В

вагаўніца — вагаўнік
вадалазіца, вадалазка — вадалаз
вадарка — вадар
ваеньніца — ваеньнік
важатая — важаты
важыца — важак
вазачка — вазак
вайскавічка — вайскавік
вайскоўка — вайсковец
вайтыца, войтка — войт
вакалістка — вакаліст
валейбалістка — валейбаліст
валтарністка — валтарніст
вальнадуміца, вальнадумка — вальнадумец
валютніца — валютнік
вандалка — вандал
вандроўніца — вандроўнік
варагіня, варагіца — вораг
варажбітка — варажбіт
вартавая, вартаўніца — вартавы, вартаўнік
васалка — васал
вастрыльніца — вастрыльнік
ватэрпалістка — ватэрпаліст
вахтэрка — вахтэр
ваяводзіца, ваяводка, ваявода (суп. род) — ваявода
ваярка, ваярыца — ваяр

верніца — вернік
верталётніца — верталётнік
верхаводка — верхавод
вершніца, вяршачка — вершнік, вяршак
візажыстка — візажыст
візытантка — візытант
візытэрка — візытэр
вікантэса, віконтка — віконт
вікарка — вікар
вікінгіца, вікінгіня — вікінг
відачынка — відачын, відачынец
вільнянка — вільневец
вінаробка — вінароб
віначэрпка, віначэрпая, віначэрпіца — віначэрп
вінтаўніца — вінтаўнік
віртуозка — віртуоз
вірусалягіца, вірусалягіня — вірусоляг
віцяблянка — віцяблянін
віцьбічанка, віцьбічка — віцьбіч
віяланчалістка — віяланчаліст
водналыжніца — водналыжнік
волатка — волат
вугальніца — вугальнік
вульканалягіня — вульканоляг
вундэркіндка — вундэркінд
вучнёўка, вучаніца — вучань
вучоная — вучоны
выбарніца — выбарнік
выгнанніца — выгнаннік
выдатніца — выдатнік

выдаўніца, выдаўчыня, выдаўца (суп.
   род) — выдавец, выдаўца
вызвольніца — вызвольнік
вызначальніца — вызначальнік
выказьніца — выказьнік
выканаўка, выканаўчыня, выканаўца (суп.
   род) — ваканавец, выканаўца
выкладніца — выкладнік
выкладоўка — выкладовец
вылучэнка — вылучэнец
вынаходніца — вынаходнік
выпрабавальніца — выпрабавальнік
выпускніца — выпускнік
выразьніца — выразьнік
выступоўка — выступовец
вытворніца — вытворнік
вышывальніца — вышывальнік
вышыньніца — вышыньнік
выхавацелька, выхавацельніца — выхавацель
вэб-майстарка — вэб-майстар
вэлягоньніца — вэлягоньнік
вэнэралягіца, вэнэралягіня — вэнэроляг
вязальніца — вязальнік
вязьнічка, вязьнеўка — вязень
вязьнярка — вязьняр
вялікая княгіня, князіца — вялікі князь
вярбоўніца — вярбоўнік
вяршыцелька — вяршыцель
вястунка —- вястун
вясьлярка — вясьляр
вячэрніца — вячэрнік

Г

габлявальніца — габлявальнік
гадаванка — гадаванец
гадзіньніца — гадзіньнік
газавіца, газаўніца — газавік, газаўнік
газаэлектразварніца — газаэлектразварнік
галаварка — галавар
галадоўніца — галадоўнік
галкіпэрка — галкіпэр
галоўнакамандуючая —
　　галоўнакамандуючы
гальфістка — гальфіст
гамэапатка — гамэапат
гангстарка — гангстар
гандбалістка — гандбаліст
гандлярка — гандляр
ганіцелька — ганіцель
ганчарка — ганчар
ганчыца, ганчыха — ганец
гарадзенка — гарадзенец
гараднічая — гараднічы
гарадошніца — гарадошнік
гаратычка — гаратык
гарбарка — гарбар
гардэробніца — гардэробнік
гарманістка — гарманіст
гарністка — гарніст

гарнітурніца — гарнітурнік
гарпуньніца — гарпуньнік
гарсонка — гарсон
гаспадарыня — гаспадар
гасподніца — гасподнік
гастралёрка — гастралёр
гастраномка — гастраном
гегемонка — гегемон
геадэзістка — геадэзіст
геалягіня, геалягіца — геолаг
геапалітыца — геапалітык
гейка — гей
гендарыстка — гендарыст
генэраліца, генэралка — генэрал
генэтыца — генэтык
географка, геаграфіца — географ
геранталягіня — герантоляг
германістка — германіст
геройка, гераіня, гераіца — герой
герцагіня — герцаг
гестапаўка — гестапавец
гетманка, гетманіца — гетман
гігіеністка — гігіеніст
гідка — гід
гімнастка, гімнастыца — гімнаст
гінэкалягіца, гінэкалягіня — гінэколаг
гіпі (суп. род) — гіпі
гіпнатызэрка — гіпнатызэр
гіравіца — гіравік
гістарыца, гісторыца — гісторык
глебаведка — глебавед
глядыятарка — глядыятар

гоньніца — гоньнік
гораўзыходніца — гораўзыходнік
горназаводніца — горназаводнік
грабарка — грабар
гравёрка, гравёрніца — гравёр
гравіроўніца — гравіроўнік
грамадзянка — грамадзянін
граматыца — граматык
грамацейка — грамацей
гранатамётніца — гранатамётнік
гранільніца — гранільнік
графіца — графік
графалягіня — графоляг
графка, графіня — граф
грачанка, грачыца — грэк
гросмайстарка — гросмайстар
грыбніца — грыбнік
грымёрка — грымёр
грэбенечасальніца — грэбенечасальнік
грэнадэрка — грэнадэр
губэрнатарка, губэрнатарыца — губэрнатар
гувэрнантка — гувэрнант
гувэрнэрка — гувэрнэр
гуліца — гулец
гуманістка — гуманіст
гуманітарка — гуманітар
гумарыстка — гумарыст
гурманка — гурман
гуртаўніца — гуртаўнік
гутніца — гутнік
гяўрка — гяўр

Д

дабраахвотніца — дабраахвотнік
дабраволіца, дабраволка — дабраволец
дабрачыньніца — дабрачынец
давацелька — давацель, даўца (суп. род)
даведніца — даведнік
даверніца — даверні́к
дагматыца — дагматык
дазорніца, дазорка — дазорнік
даказьніца — даказьнік
дакладніца — дакладнік
дактарантка — дактарант
дакумэнталістка — дакумэнталіст
далакопка — далакоп
дальнабойніца — дальнабойнік
дальтаніца — дальтонік
даміношніца — даміношнік
дамрыстка — дамрыст
данасіцелька — данасіцель
даносьніца — даносьнік
дантыстка — дантыст
дапрызыўніца — дапрызыўнік
дарадніца — дарадні́к
дарвіністка — дарвініст
даручэнка — даручэнец
дарыцелька — дарыцель
дастаўніца — дастаўнік

дасьледніца — дасьледнік
даўгавечніца — даўгавечнік
даўжбітка — даўжбіт
дахаўніца — дахаўнік
дацэнтка — дацэнт
дачніца — дачнік
даярка — даяр
двайніца — двайнік
дварэцкая — дварэцкі
дваяборка — дваяборац
дворніца — дворнік
джазістка — джазіст
джынка — джын
дзесяціборка — дзесяціборац
дзёньніца — дзёньнік
дзеяньніца — дзеяньнік
дзюдаістка — дзюдаіст
дзягцярка — дзягцяр
дзяліца — дзялок
дзяячка — дзяяч
докторка, дактарыца, дакторка — доктар
донарка — донар
донкіхотка — донкіхот
донжуанка — донжуан
драматургіца, драматургіня — драматург
драпіроўніца — драпіўроўнік
дружыньніца — дружыньнік
друкарка, друкарыца — друкар
дрэсіроўніца — дрэсіроўнік
дужаньніца — дужаньнік
думніца — думнік

духаборка — духаборац
духоўніца — духоўнік
дуэлістка — дуэліст
дуэлянтка — дуэлянт
дываньніца — дываньнік
дыдактыца, дыдактыня — дыдактык
дыеталягіня, дыеталягіца — дыетоляг
дызайнэрка — дызайнэр
дыктарка, дыктарыца — дыктар
дыктатарка — дыктатар
дылерка — дылер
дынамаўка — дынамавец
дыплёмніца — дыплёмнік
дыпляматыца, дыплятматка — дыплямат
дырыгентка — дырыгент
дырэктарка — дырэктар
дыск-жакейка — дыск-жакей
дыскаболка — дыскабол
дыспэчарка — дыспэчар
дыстрафіца — дыстрофік
дысыдэнтка — дысыдэнт
дысэртантка — дысэртант
дыябетніца — дыябетнік
дыягностка, дыягнастыца — дыягностык
дыяканка, дыяканэса — дыякан
дыяспарніца — дыяспарнік
дэзэртырка — дэзэртыр
дэканка, дэканіца — дэкан
дэкаратарка — дэкаратар
дэкляматарка — дэкляматар
дэлегатка — дэлегат

дэльтаплянэрыстка — дэльтаплянэрыст
дэмагагіца, дэмагагіня — дэмагог
дэмаграфіня, дэмаграфка — дэмограф
дэмакратка — дэмакрат
дэманстрантка — дэманстрант
дэміургіца — дэміург
дэндралягіня — дэндроляг
дэпутатка — дэпутат
дэрматалягіца, дэрматалягіня — дэрматоляг
дэсантніца — дэсантнік
дэспатка — дэспат
дэтэктыўка — дэтэктыў
дэфэкталягіня — дэфэктоляг

Е, Ё

*е*герка — егер
езуі́тка — езуі́т

Ж

жакейка, жакеіца — жакей
жанглёрка — жанглёр
жандарка — жандар
жандармэрка — жандармэр
жаўнерка — жаўнер
жгутаўніца — жгутаўнік
жуірка — жуір
журналістка — журналіст
жывапіска, жывапісіца — жывапісец
жыліца — жылец
жыхарка — жыхар

3

заалягіца, заалягіня — заоляг
забароньніца — забароньнік
забудоўніца — забудоўнік
завадатарка — завадатар
заваёўніца — заваёўнік
заваявальніца — заваявальнік
заводніца — заводнік
загадніца — загаднік
загатоўніца — загатоўнік
заказьніца — заказьнік
закатніца — закатнік
закладніца — закладнік
закліньніца — закліньнік
законьніца — законьнік
закройніца — закройнік
закупніца — закупнік
залётніца — залётнік
замежніца — замежнік
замоўніца — замоўніца
занявольніца — занявольнік
запасьніца — запасьнік
заснавальніца — заснавальнік
застрэльніца — застрэльнік
заступніца — заступнік
засядальніца — засядальнік
засядацелька — засядацель

заўзятарка — заўзятар
збавіцелька, збаўца (суп. род) — збавіцель
зборніца — зборнік
збройніца — збройнік
зварніца — зварнік
здатніца — здатнік
земляробка — земляроб
земляўласьніца — земляўласьнік
зламысьніца — зламысьнік
змагарка — змагар
змазьніца — змазьнік
знаўка, знаўца (суп. род) — знавец
знахарка — знахар
значкістка — значкіст
зубніца — зубнік
зычлівіца, зычліўка — зычлівец
зэнітніца — зэнітнік
зьберагачка — зьберагач
зьвеньнявая — зьвеньнявы
зьверхніца — зьверхнік
зьнішчальніца — зьнішчальнік
зямлячка — зямляк

І

ігрыца — ігрэц
ігумэньня — ігумэн
ідалка — ідал
ідэйніца — ідэйнік
ідэялягіца, ідэялягіня — ідэоляг
ізаляроўніца — ізаляроўнік
іканапіска, іканапісіца — іканапісец
ілюстратарка — ілюстратар
ільнаводка — ільнавод
іміджмэйкерка — іміджмэйкер
імпартэрка — імпартэр
імпрэсыяністка — імпрэсыяніст
імпэратарка, імпэратрыца — імпэратар
імпэрыялістка — імпэрыяліст
імуналягіца, імуналягіня — імуноляг
інвэстарка — інвэстар
індывідка — індывід
інжынэрка — інжынэр
ініцыятарка — ініцыятар
інкасатарка — інкасатар
інкрустатарка — інкрустатар
інспэктарка — інспэктар
інструктарка — інструктар
інструмэнталістка — інструмэнталіст
інструмэнтальніца — інструмэнтальнік
інтэлектуалка — інтэлектуал

інтэндантка — інтэндант
інтэрвіюерка — інтэрвіюер
інтэрвэнтка — інтэрвэнт
інтэрпрэтатарка — інтэрпрэтатар
інсургентка — інсургент
інтэрнатаўка — інтэрнатавец
інтэрнаўка — інтэрн
інтэрнэтаўка — інтэрнэтавец
інфарматарка — інфарматар
інфарматыца — інфарматык
іншадумка, іншадуміца, іншадумца (суп. род) — іншадумец
іракчанка, іракчыца — іракец
ірцярка — ірцяр
ісьціца — ісьцец
іхтыялягіня — іхтыёляг

К

каапэратарка — кааператар
каардынатарка — каардынатар
кабалістка — кабаліст
кабзарка — кабзар
кабінэтніца — кабінэтнік
кавалерка — кавалер
кавалерыстка — кавалерыст
каваліца — каваль
кадэтка — кадэт
казаньніца — казаньнік
казачніца — казачнік
казуістка — казуіст
кайзэрка — кайзэр
калекцыянэрка — калекцыянэр
каліграфка — каліграф
калябарацыяністка — калябарацыяніст
калядніца — каляднік
калядоўніца — калядоўнік
каляжанка, калега (суп. род) — калега
калянізатарка — калянізатар
каляністка — клаяніст
калярыстка — калярыст
камандзірка — камандзір
камандорка — камандор
камбайнэрка — камбайнэр
камбатантка — камбатант

камбінатарка — камбінатар
камінарка — камінар
камісарка — камісар
каморніца — каморнік
кампаньёнка — кампаньён
камплектоўніца — камплектоўнік
кампутарніца — кампутарнік
камсамолка — камсамолец
камунарка — камунар
камуністка — камуніст
камэдыянтка — камэдыянт
камэндантка — камэндант
камэнтатарка — камэнтатар
камэргерка — камэргер
камэрдынэрка — камэрдынэр
канавалка — канавал
канаводка — канавод
канатаходка — канатаход
канваірка — канваір
кангрэсмэнка — кангрэсмэн
кангрэсоўка — кангрэсовец
кандат'ерка — кандат'ер
кандуктарка — кандуктар
кандыдатка — кандыдат
кандытарка — кандытар
кансортка — кансорт
канструктарка — канструктар
канструктывістка — канструктывіст
канстэбліца, канстэбалька — канстэбаль
кансультанка — кансультант
кансьержка — кансьерж

кансэрватарка — кансэрватар
кантарка — кантар
канторніца — канторнік
кантралёрка — кантралёр
канфэдэратка — канфэдэрат
канцлерка, канцлерыца, канцлерыня — канцлер
канцэртмайстарка — канцэртмайстар
канцэсіянэрка — канцэсіянэр
канькабежка, канькабежыца — канькабежац
кан'юктурніца — кан'юктурнік
каняводка — канявод
капістка — капіст
капітанка — капітан
капралка — капрал
капуцынка — капуцын
капэльмайстарка — капэльмайстар
капэлянка — капэлян
капялюшніца — капялюшнік
карабейніца — карабейнік
карабінэрка — карабінэр
каралева, каралевая, караліца — кароль
каратыстка — каратыст
кардыялягіня — кардыёляг
карніца — карнік
картографка — картограф
картынгістка — картынгіст
карунaчніца — каруначнік
карыкатурыстка — карыкатурыст
карыфэйка — карыфэй
карэктарка — карэктар

карэспандэнтка — карэспандэнт
каскадзёрка — каскадзёр
касманаўтка — касманаўт
касмапалітка — касмапаліт
касмэталягіня — касмэтоляг
кастэлянка — кастэлян
касынэрка — касынэр
касырка — касыр
касьцюмэрка — касьцюмэр
катаржанка — катаржанін
катка — кат
катоньніца — катоньнік
катрыньніца — катрыньнік
каўбасьніца — каўбасьнік
каўзарка — каўзар
каўзуха, каўзуньня — каўзун
кахлярка — кахляр
качачніца — качачнік
качэўніца — качэўнік
кашаварка — кашавар
кашталянка — кашталян
каюрка — каюр
квакерка — квакер
кветкаводка — кветкавод
кватэранаймальніца — кватэранаймальнік
квірка — квір
кельнэрка — кельнэр
керамістка — кераміст
кібаргіня — кібарг
кідальніца — кідальнік
кілерка — кілер

кінаапэратарка — кінаапэратар
кінадакументалістка — кінадакументаліст
кіналягіня — кінолаг
кінематаграфістка — кінематаграфіст
кіраўніца, кіраўнічка — кіраўнік
кіроўца (суп. род) — кіроўца
кітаістка — кітаіст
кіяскёрка — кіяскёр
клерыкалка — клерыкал
клерыца — клерк
кліпмэйкерка — кліпмэйкер
клоўнка, клаўнэса — клоўн
ключніца — ключнік
клярнэтыстка — клярнэтыст
клясыца — клясык
кнігалюбка — кнігалюб
кніганошыца, кніганоша (суп. род) — кніганоша
кнігарка — кнігар
кніжніца — кніжнік
коміваяжэрка — коміваяжэр
коньніца — коньнік
консулка — консул
краліста — краліст
краўчыца — кравец
крамніца — крамнік
крамольніца — крамольнік
кранаўніца — кранаўнік
красьлярка — красьляр
краязнаўка — краязнавец
круп'е (суп. род) — круп'е

круцільніца — круцільнік
крыміналістка — крыміналіст
крымінальніца — крымінальнік
крытыца, крытэса, крытыкеса — крытык
крэдыторка — крэдытор
ксяндзіца — ксёндз
кулачка — кулак
кулінарка — кулінар
культуралягіня, культуралягіца — культуроляг
культурыстка — культурыст
кулямётніца — кулямётнік
кумірка — кумір
купалка, купалінка — купала
кураторка — куратар
курсантка — курсант
курчыха, курчыца — курэц
кур'ерка — кур'ер
кутніца — кутнік
кутур'ерка, кутур'е (суп. род) — кутур'е
кутэрніца — кутэрнік
кухарка — кухар
кушнэрка — кушнэр

Л

лабазьніца — лабазьнік
лабістка — лабіст
лазарніца — лазарнік
лакіроўніца — лакіроўнік
латочніца — латочнік
лаўніца — лаўнік
лаціньніца — лаціньнік
лаўчыха, лаўчыца — лавец
легіянэрка — легіянэр
лёгкаатлетка — лёгкаатлет
лейбарыстка — лейбарыст
лейтэнантка — лейтэнант
лекарка, лекараўка — лекар
лёкайка — лёкай
лексыкалягіня — лексыколяг
ленінка — ленінец
лектарка — лектар
лесарубка — лесаруб
летапіска, летапісіца — летапісец
лётніца — лётнік
лібрэтыстка — лібрэтыст
лібэралка — лібэрал
лібэртэнка, лібэрцінка — лібэртэн
лідарка — лідар
лінатыпістка — лінатыпіст
лінгвістка — лінгвіст

лірніца — лірнік
лірыца — лірык
літаратарка — літаратар
літаратуразнаўка, літаратуразнаўчыня,
  літаратуразнаўца (суп. род) —
  літаратуразнавец
літаўрыстка — літаўрыст
літографка — літограф
ліфцёрка — ліфцёр
ліхтарніца — ліхтарнік
ліцейніца — ліцейнік
ліцэістка — ліцэіст
лічыльніца — лічыльнік
лодачніца — лодачнік
лордка, лордзіца — лорд
лоцманка — лоцман
лудзільніца — лудзільнік
лучніца — лучнік
лыжніца — лыжнік
люмпэнка — люмпэн
люнатыца — люнатык
люстэрніца — люстэрнік
лютэранка — лютэранін, лютэранец
лябарантка — лябарант
лявачка — лявак
лягапэдка — лягапэд
лягіца — лёгік
лякальніца — лякальнік
ляндарка — ляндар
ляндшафтніца — ляндшафтнік
лясьніца — лясьнік

лятуха — лятун
лятыфундыстка — лятыфундыст
ляўрэатка — ляўрэат

М

магістарка, магістрыца — магістар
магістрантка — магістрант
магіца — маг
магілёўка — магілёвец
магнатка — магнат
магутка — магут
мадыстка — мадыст
мадэліца, мадэлька, мадэль (суп. род) —
   мадэль
мадэльерка — мадэльер
мадэрністка — мадэрніст
маёрка — маёр
мажардомка — мажардом
майстарка — майстар
майстрыца, майстроўка, майстрыня,
   майстрыха — майстар
макетніца — макетнік
маклерка — маклер
малаверка — малавер
малацьбітка — малацьбіт
малельніца — малельнік
малітаўка — малітаўнік
малочніца — малочнік
малявальніца — малявальнік
малярка, малярыца — маляр
манапалістка — манапаліст

манархіня, манархіца — манарх
мандалілістка — мандаліліст
мандарыніца — мандарын
манікюрніца, манікюрка — манікюрнік
маніпулятарка — маніпулятар
маніфэстантка — маніфэстант
мантажніца — мантажнік
мантажорка — мантажор
мантажыстка — мантажыст
манумэнталістка — манумэнталіст
манцёрка — манцёр
манціроўніца — манціроўнік
манэкеньніца — манэкеньнік
марадзёрка — марадзёр
маралістка — мараліст
мараплаўка, мараплавіца — мараплавец
марачка — марак
маркетапягіня, маркетапягіца — маркетоляг
маркёрка — маркёр
маркізка, маркіза — маркіз
маркіроўніца — маркіроўнік
маркітантка — маркітант
марксістка — марксіст
маркшэйдарка — маркшэйдар
мармуроўніца — мармуроўнік
марожаніца — марожанік
марозьніца — марозьнік
марыністка — марыніст
маршалка — маршал
маршаліца — маршалак
масажыстка — масажыст

маскоўка — масковец
масларобка — маслароб
масонка — масон
масоўніца — масоўнік
мастацтвазнаўка, мастацтвазнаўца (суп.
  род) — мастацтвазнавец
мастачка — мастак
матадорка — матадор
матальніца — матальнік
матарыстка — матарыст
матацыклістка — матацыкліст
матрыярх, матрыярхіца — патрыярх
матэматыца — матэматык
матэрыялістка — матэрыяліст
маўчуха — маўчун
махальніца — махальнік
махінатарка — махінатар
махлярка — махляр
мацавальніца — мацавальнік
машыністка — машыніст
медаварка — медавар
межніца — межнік
меншавіца — меншавік
міжнародніца — міжнароднік
мізагінка — мізагін
мізандарка — мізандар
мікрабіялягіня — мікрабіёляг
мілітарыстка — мілітарыст
міліцыянтка — міліцыянт
мільянэрка — мільянэр
мімістка — міміст

мімка, міміца — мім
мінамётніца — мінамётнік
мінёрка — мінёр
міністарка — міністар
мініяцюрыстка — мініяцюрыст
мінэзынгерка — мінэзынгер
міратворка, міратворыца — міратворац
місіянэрка — місіянэр
містыца, містычка — містык
міталягіня — мітоляг
мітынгоўка — мітынговец
мітынгоўніца — мітынгоўнік
мічманка — мічман
млынарка — млынар
мнагаборка — мнагаборац
моваведка — мовавед
мовазнаўка, мовазнаўца (суп. род) —
    мовазнавец
мостабудаўніца — мостабудаўнік
мотагоньніца — мотагоньнік
моўніца, моўца (суп. род) — моўнік
мраярка — мраяр
мудрагелка, мудрагеліца — мудрагель,
    мудрагелец
мудрыца — мудрэц
музыка (суп. род) — музыка
музыкантка — музыкант
музэязнаўка — музэязнавец
мукамолка — мукамол
мультыплікатарка — мультыплікатар
мулярка — муляр

муралістка — мураліст
мусульманка — мусульманін
мушкетэрка — мушкетэр
мылаварка — мылавар
мысьленьніца — мысьленьнік
мысьліўка, мысьліўца (суп. род) —
    мысьлівец
мысьлярка — мысьляр
мытніца — мытнік
мэбельніца — мэбельнік
мэдалістка — мэдаліст
мэдальерка — мэдальер
мэдсанбатаўка — мэдсанбатавец
мэдыкарка — мэдыкар
мэдычка, мядзічка, мэдыца — мэдык
мэдыюмка — мэдыюм
мэдыятарка — мэдыятар
мэліяратарка — мэліяратар
мэмуарыстка — мэмуарыст
мэнтарка — мэнтар
мэнэджарка — мэнэджар
мэнэстрэлька — мэнэстрэль
мэрка, мэрэса, мэрыца — мэр
мэркантэлістка — мэркантэліст
мэтадыстка — мэтадыст
мэталістка — мэталіст
мэталюргіца, мэталюргіня — мэталюрг
мэтарка — мэтар
мэтардатэлька — мэтардатэль
мэтафізычка, мэтафізыца — мэтафізык
мэтралягіня — мэтроляг

мэтранп*а*жка — мэтранпаж
мэт*ы*ска — мэтыс
мэтэаралягіца, мэтэаралягіня — мэтэаролях
мэханіз*а*тарка — мэханізатар
мэханістка — мэханік
мэцэн*а*тка — мэцэнат
мянчучка — мянчук
мясьніца — мясьнік
мяшч*а*нка — мяшчанін
мяшэчніца — мяшэчнік

Н

набажэнка — набажэнец
набожніца — набожнік
набэлянтка — набэлянт
навабранка — навабранец
наватарка — наватар
наведвальніца — наведвальнік
наведніца — наведнік
навігатарка — навігатар
навуказнаўка, навуказнаўца (суп. род) —
  навуказнавец
навукоўка, навукоўца (суп. род) —
  навуковец
навучэнка — навучэнец
наглядальніца — наглядальнік
надомніца — надомнік
наёмніца — наёмнік
назіральніца — назіральнік
наймітка, наймічка — найміт
наладніца — наладнік
налётніца — налётнік
намадка — намад
намесьніца — намесьнік
нападніца, нападоўца (суп. род) — нападнік
напарніца — напарнік
наперсьніца — наперсьнік
напраўніца — напраўнік

народніца — народнік
народаволка — народаволец
нарвэжыца, нарвэжка — нарвэг
наркалягіня — нарколяг
нарміроўніца — нарміроўнік
народніца — народнік
нарыхтоўніца — нарыхтоўнік
насеньняводка — насеньнявод
насільніца — насільнік
настаўніца — настаўнік
настаяцельніца — настаяцель
настройніца — настройнік
натаўка — натавец
натарка, натарыца — натар
натарыюска — натарыюс
натуралістка — натураліст
натурфілёзафка — натурфілёзаф
натурніца — натурнік
нафтавіца — нафтавік
нацыстка — нацыст
нацыяналістка — нацыяналіст
начлежніца — начлежнік
начніца — начнік
начотніца — начотнік
нашчадніца — нашчадак
невучка — невук
нежануха — нежанец
неміца, немка — немец
непраціўленка — непраціўленец
нівэліроўніца — нівэліроўнік
носьбітка — носьбіт

нудыстка — нудыст
нырчыха, нырчыца — нырэц
нэалягіня — нэоляг
нэандэрталка — нэандэрталец
нэафітка — нэафіт
нэгуска — нэгус
нэгрыца — нэгар
нэпманка — нэпманец
нэўрапаталягіня — нэўрапатоляг
нефармалка — нефармал
нюхацельніца — нюхацельнік
нюхачка — нюхач

П

паварчыца — паварчук
паганка — паганец
пагарэлка — пагарэлец
пагромніца — пагромнік
падарожніца — падарожнік
падаткаплацельніца — падаткаплацельнік
падборніца — падборнік
падводніца — падводнік
падданая, падданка — падданы
паддосьледная — паддосьледны
падзёньніца — падзёньнік
падказьніца — падказьнік
падлікоўка — падліковец
падпалкоўніца — падпалкоўнік
падпісантка — падпісант
падпольніца — падпольнік
падрыўніца — падрыўнік
падтрымоўніца — падтрымоўнік
падшкіпэрка — падшкіпэр
падшыванка — падшыванец
падшэфная — падшэфны
пажка, пажыца — паж
пажарніца — пажарнік
пазёрка — пазёр
пазыкатрымальніца — пазыкатрымальнік
пазытывістка — пазытывіст

пазыўніца — пазыўнік
пазычэньніца — пазычэньнік
пайніца — пайнік
пакутніца — пакутнік
палацёрка — палацёр
палітзьняволеная — палітзьняволены, палітвязень
паліглётка — паліглёт
паліграфістка — паліграфіст
палісмэнка — палісмэн
паліталягіца, паліталягіня — палітоляг
палітыца — палітык
паліцайка — паліцай
паліцыянтка — паліцыянт
палкаводка — палкаводзец
палкоўніца — палкоўнік
палольніца — палольнік
паломніца — паломнік
палоньніца — палоньнік
паляводка — палявод
палярніца — палярнік
палясоўніца — палясоўнік
паляўнічая — паляўнічы
памагатарка — памагатар
памагатая — памагаты
памагачка — памагач
памежніца — памежнік
паморка — паморац
памфлетыстка — памфлетыст
панагірыстка — панагірыст
пантанёрка — пантанёр

панчошніца — панчошнік
папоўка — паповец
папуаска — папуас
папулістка — папуліст
папулярызатарка — папулярызатар
папэса, папіца — папа (рымскі)
папярэдніца — папярэднік
папячыцелька, папячыцельніца —
    папячыцель
паражэнка — паражэнец
парапсыхалягіня — парапсыхоляг
парафіянка — парафіянін
парашутыстка — парашутыст
паркетніца — паркетнік
парлямэнтарка — парлямэнтар
партакратка — партакрат
партачка — партач
партнэрка — партнэр
партрэтыстка — партрэтыст
партызанка — партызан
партыйка — партыец
паручыцелька — паручыцель
парушальніца — парушальнік
парфумніца — парфумнік
парфумэрка — парфумэр
пасадніца — пасаднік
пасажырка — пасажыр
пасланка — пасланец
пасіянарка — пасіянар
пасланьніца — пасланьнік
паслугачка — паслугач

паслушніца — паслушнік
паслушэнка — паслушэнец
пасолка — пасол
пастаноўніца — пастаноўнік
пастарка — пастар
пастаўніца — пастаўнік
пастаялка — пастаялец
пасыльная — пасыльны
пасьлядоўніца — пасьлядоўнік
пасьціжэрка — пасьціжэр
пасяленка — пасяленец
патолягаанатамка — патолягаанатам
патронка, патранэса — патрон
патрыётка — патрыёт
патрыцыянка — патрыцый
патуральніца — патуральнік
паўночніца — паўночнік
паўстанка — паўстанец
паўфінальніца — паўфінальнік
пацыфістка — пацыфіст
пачаткоўка — пачатковец
пачынальніца — пачынальнік
пашпартыстка — пашпартыст
паштавіца, паштавічка — паштавік
паштарка, паштальёнка — паштар, паштальён
паэтка, паэтэса — паэт
паяльніца — паяльнік
пекарка, пекарыца — пекар
перабежніца — перабежнік
перавозьніца — перавозьнік

перадавіца — перадавік
пераемніца — пераемнік
перакіньчыца — перакіньчык
перакладніца — перакладнік
перапісніца — перапіснік
перасоўніца — перасоўнік
перастрахоўніца — перастрахоўнік
перасяленка — перасяленец
першакурсьніца — першакурсьнік
першаразрадніца — першаразраднік
першыніца — першынец
пехацінка — пехацінец
пешаходка — пешаход
пікетніца — пікетнік
пікетоўка — пікетовец
пілётка, пілётніца — пілёт
піратка — пірат
піратэхніца — піратэхнік
пірожніца — пірожнік
пісарка — пісар
пісьманоска — пісьманосец
пісьменьніца — пісьменьнік
пітэкантропка — пітэкантроп
піяністка — піяніст
піянэрважатая — піянэрважаты
піянэрка — піянэр
плацельніца — плацельнік
плытніца — плытнік
плыўчыха — плывец
плюралістка — плюраліст
плягіятарка — плягіятар

плякатыстка — плякатыст
плянавіца — плянавік
пляніроўніца — пляніроўнік
плянтатарка — плянтатар
плянэрыстка — плянэрыст
правадніца — праваднік
правадырка — правадыр
правазнаўка — правазнавец
правакатарка — правакатар
правапарушальніца — правапарушальнік
праведніца — праведнік
праверніца — праверник
правізарка — правізар
прагматыца — прагматык
прагназістка — прагназіст
праграмістка — праграміст
прадавальніца — прадавальнік
прадавачка — прадавач
прадаўніца — прадаўнік, прадавец
прадажніца — прадажнік
прадаўжальніца — прадаўжальнік
прадвесніца — прадвеснік
прадзільніца — прадзільнік
прадметніца — прадметнік
прадпрыемка — прадпрыемец
прадпрымальніца — прадпрымальнік
прадстаўніца — прадстаўнік
прадстаўнічка — прадстаўнік
прадусарка — прадусар
прад'яўніца — прад'яўнік
праектантка — праектант

праектыроўніца — праектыроўнік
пражэктарыстка — пражэктарыст
празаіца — празаік
празорлівіца — празорлівец
пракатніца — пракатнік
пракладніца — пракладнік
практыкантка — практыкант
практыца — практык
пракурорка — пракурор
пралетарка — пралетар
прамыслоўка — прамысловец, прамысловік
праньніца — праньнік
прапагандыстка — прапагандыст
прапарніца — прапарнік
прарабка, прарабіца — прараб
прарочыца — прарок
пратэстантка — пратэстант
пратэстовец — пратэстовец
праўленка — праўленец
праўніца — праўнік
прафэсарка, прафэсарыца — прафэсар
прафэсійніца — прафэсійнік
прафэсіяналка — прафэсіянал
праходніца — праходнік
працавіца — працавік
прашчурка — прашчур
просьбітка — просьбіт
прыгоньніца — прыгоньнік
прыбіральніца, прыбіралька — прыбіральнік
прыбышка — прыбыш
прыватніца — прыватнік

прыгоньніца — прыгоньнік
прыёмніца — прыёмнік
прызыўніца — прызыўнік
прызэрка — прызэр
прымачка — прымач
прымірэнка — прымірэнец
прыслужніца — прыслужнік
прыставіца — прыстаў
прысяжная — прысяжны
прышэліца — прышэлец
прэзыдэнтка — прэзыдэнт
прэлатка — прэлат
прэм'ерка — прэм'ер
прэм'ер-міністарка — прэм'ер-міністар
прэпаратарка — прэпаратар
прэтэндэнтка — прэтэндэнт
прэфэктка, прэфэктыца — прэфэкт
псаломніца — псаломнік
псыхалягіца, псыхалягіня — псыхоляг
псыхааналітыца — псыхааналітык
псыхіятарка — псыхіятар
публіцыстка — публіцыст
пультаўніца — пультаўнік
пупарэзіца, пупарэзьніца — пупарэзьнік
пустэльніца — пустэльнік
путчыстка — путчыст
пуцеабходніца — пуцеабходнік
пуцейніца — пуцеец
пчалаводка — пчалавод
пытальніца — пытальнік
пэдагогіца, пэдагагіня — пэдагог

пэдікюрніца, пэдыкюрка — пэдыкюрнік
пэрка, пэрэса — пэр
пэрформэрка — пэрформэр
пясьнярка — пясьняр
пяцёрачніца — пяцёрачнік
пяціборка — пяціборац
пяюха, пяюньня — пяюн

Р

рабінка, рабаса, рабініца — рабін
рабаўладальніца — рабаўладальнік
рабаўласьніца — рабаўласьнік
рабаўніца — рабаўнік
рабка — раб
рабфакаўка — рабфакавец
равесьніца — равесьнік
радыётэхніца — радыётэхнік
радыкалістка — радыкаліст
радыкалка — радыкал
радыстка — радыст
ражочніца — ражочнік
раздатніца — раздатнік
разнастайніца — разнастайнік
разначынка — разначынец
разносьніца — разносьнік
разумніца — разумнік
разьбярка — разьбяр
разьведніца — разьведнік
разьмеркавальніца — разьмеркавальнік
разьніца — разьнік
ракетніца — ракетнік
ралістка — раліст
раманістка — раманіст
рамантыца — рамантык
рамесьніца — рамесьнік

рамізьніца — рамізьнік
рамніца — рамнік
рамонтніца — рамонтнік
расістка — расіст
расказьніца — расказьнік
раскідвальніца — раскідвальнік
расьпісьніца — расьпісьнік
расцэньніца — расцэньнік
расшыфроўніца — расшыфроўнік
расьлінаводка — расьлінавод
ратавальніца — ратавальнік
ратайка — ратай
ратаўніца — ратаўнік
ратніца — ратнік
рахункаводка — рахункавод
рацыяналізатарка — рацыяналізатар
рацыяналістка — рацыяналіст
раялістка — раяліст
робатка — робат
роданачальніца — роданачальнік
родніца — роднік
ружэйніца — ружэйнік
рукадзельніца — рукадзельнік
рупарка — рупар
рупліўка, рупліўца — рупліўец
русістка — русіст
рутынэрка — рутынэр
рыбачка — рыбак
рыгарыстка — рыгарыст
рызыкантка — рызыкант
рымарка — рымар

рытарка — рытар
рыфмачка — рыфмач
рыцарыца, рыцарка — рыцар
рэалістка — рэаліст
рэаніматарка — рэаніматар
рэвалюцыянэрка — рэвалюцыянэр
рэвальвэрніца — рэвальвэрнік
рэваншыстка — рэваншыст
рэвізіяністка — рэвізіяніст
рэвізорка — рэвізор
рэгбістка — рэгбіст
рэгентка — рэгент
рэгістратарка — рэгістратар
рэгуліроўніца — рэгуліроўнік
рэдактарка — рэдактар
рэжысэрка — рэжысэр
рэзанэрка — рэзанэр
рэзыдэнтка — рэзыдэнт
рэзэрвістка — рэзэрвіст
рэзьніца — рэзьнік
рэкардсмэнка — рэкардсмэн
рэкецірка — рэкецір
рэклямістка — рэкляміст
рэкрутка — рэкрут
рэктарка — рэктар
рэлігійніца — рэлігійнік
рэлятывістка — рэлятывіст
рэнтгеналягіня — рэнтгеноляг
рэпартэрка — рэпартэр
рэпрэзэнтантка — рэпрэзэнтант
рэпэтытарка — рэпэтытар

рэспандэнтка — рэспандэнт
рэспубліканка — рэспубліканец
рэстаратарка — рэстаратар
рэстаўратарка, рэстаўрыня — рэстаўратар
рэўматалагіня — рэўматолаг
рэфарматарка — рэфарматар
рэфармістка — рэфарміст
рэфэрка — рэфэры
рэфэрэнтка — рэфэрэнт
рэцэдывістка — рэцэдывіст
рэцэнзэнтка — рэцэнзэнт

С

сааўтарка — сааўтар
сабакаводка — сабакавод
сабакарка — сабакар
сабатажніца — сабатажнік
сабачніца — сабачнік
саветалягіня — саветоляг
садзейніца — садзейнік
садоўніца — садоўнік
сакратарка — сакратар
саксафаністка — саксафаніст
салдатка — салдат
салістка — саліст
самазванка — самазванец
саматужніца — саматужнік
самахотніца — самахотнік
самбістка — самбіст
сандружыньніца — сандружыньнік
санінструктарка — санінструктар
санітарка — санітар
саноўніца — саноўнік
сантэхніца — сантэхнік
сапёрка — сапёр
сартавальніца — сартавальнік
сатырыца — сатырык
саўдзельніца — саўдзельнік
сафістка — сафіст

сацыял-дэмакратка — сацыял-дэмакрат
сацыялінгвістка — сацыялінгвіст
сацыялістка — сацыяліст
сацыялягіня, сацыялягіца — сацыёляг
сейбітка — сейбіт
селькарка — селькар
сеяльніца — сеяльнік
сёдзельніца — сёдзельнік
сікхіца — сікх
скажэнка — скажэнец
скакуха — скакун
скалалазка — скалалаз
скальдзіца, скальдка — скальд
скараходка — скараход
скарбніца — скарбнік
скаржніца — скаржнік
скаўтка — скаўт
скетчыстка — скетчыст
скінхедка — скінхед
складальніца — складальнік
скрыпачка — скрыпач
скрэпэрыстка — скрэпэрыст
скульптарка — скульптар
скупніца — скупнік
скурадзёрка — скурадзёр
скуралупка — скуралуп
скэптыца — скэптык
слабаджанка — слабаджанін
славістка — славіст
славянафілка — славянафіл
слаламістка — слаламіст

службістка — службіст
службоўка — службовец
слухачка — слухач
смалакурка — смалакур
снайпэрка — снайпэр
снобка — сноб
спаборніца — спаборнік
спаведніца — спаведнік
спагоньніца — спагоньнік
спадарожніца — спадарожнік
спадарыня — спадар
спадарычна — спадарыч
спадчыньніца — спадчыньнік
спадужніца — спадужнік
спажывальніца — спажывальнік
спажывіца — спажывец
спартоўка — спартовец
спонсарка — спонсар
справаводка, справаводзіца — справавод
справаздальніца — справаздальнік
спрачальніца — спрачальнік
спрынтарка — спрынтар
спрыяцелька — спрыяцель
спусташальніца — спусташальнік
спэкулянтка — спэкулянт
спэлеалягіца, спэлеалягіня — спэлеоляг
спэцкарка — спэцкар
спэцыялістка — спэцыяліст
стаерка — стаер
ставельніца — ставельнік
стажорка — стажор

сталеліцейніца — сталеліцейнік
стаматалягіца, стаматалягіня — стаматоляг
стандартыстка — стандартыст
станічніца — станічнік
станкабудаўніца — станкабудаўнік
станочніца — станочнік
стараверка — старавер
staraста (суп. род) — стараста
старацелька — старацель
староньніца — староньнік
стартэрка — стартэр
старшыня (суп. род) — старшыня
статыстка — статыст
стаўленьніца — стаўленьнік
стачачніца — стачачнік
страйкоўніца — страйкоўнік, страйковец
страліца, стральчыца — стралец
стратанаўтка — стратанаўт
стратэгіца, стратэгіня — стратэг
страхавальніца — страхавальнік
страхарка — страхар
страхоўніца — страхоўнік
страявіца — страявік
стрыгальніца — стрыгальнік
стрыжнёўніца — стрыжнёўнік
стрыптызэрка — стрыптызэр
стрэлачніца — стрэлачнік
стуардка — стуард
студыйка — студыец
студэнтка — студэнт
стылізатарка — стылізатар

стылістка — стыліст
стыпэндыянтка — стыпэндыянт
стырнавая — стырнавы
стырніца — стырнік
стэнаграфістка — стэнаграфіст
суайчыньніца — суайчыньнік
суб'ектывістка — суб'ектывіст
сувэрэнка — сувэрэн
сузэрэнка — сузэрэн
сувязістка — сувязіст
суднамадэлістка — судамадэліст
сужыцелька — сужыцель
сузіральніца — сузіральнік
суконьніца — суконьнік
султанка, султана — султан
сумяшчальніца — сумяшчальнік
супэр'ёрка, супэрыёрка — супэр'ёр, супэрыёр
сутэнэрка — сутэнэр
суфлёрка — суфлёр
суцяжніца — суцяжнік
суцяшальніца — суцяшальнік
сучасьніца — сучасьнік
схалястка — схаляст
схімніца — схімнік
сцэнарыстка — сцэнарыст
сцэнографка — сцэнограф
счэпніца — счэпнік
сыгнальніца — сыгнальнік
сымбалістка — сымбаліст
сыноптыца — сыноптык
сынхраністка — сынхраніст

сыраварка — сыравар
сыяністка — сыяніст
сьбірка — сьбір
сьвідравальніца — сьвідравальнік
сьвінарка — сьвінар
сьвінятніца — сьвінятнік
сьвятарка, сьвятарыня — сьвятар
сьледчая — сьледчы
сьмяротніца — сьмяротнік
сьнідаўка — сьнідавец
сьпікерка — сьпікер
сьпявачка — сьпявак
сьцяганоска — сьцяганосец
сэйсмалягіня — сэйсмоляг
сэксалягіца, сэксалягіня — сэксоляг
сэктантка — сэктант
сэкундантка — сэкундант
сэлекцыянэрка — сэлекцыянэр
сэмантыца — сэмантык
сэміётыца, сэміятыца — сэміётык
сэмінарыстка — сэмінарыст
сэміялягіня — сэміёляг
сэнатарка — сэнатар
сэнэшалка — сэнэшал
сэпаратыстка — сэпаратыст
сэрыйніца — сэрыйнік
сялібніца — сялібнік
сямейніца — сямейнік
сяржантка — сяржант

Т

табельніца — табельнік
табуньніца — табуньнік
тавараведка — таваравед
таварышка — таварыш
такелажніца — такелажнік
таксатарка — таксатар
таксікалягіня — таксіколяг
таксіроўніца — таксіроўнік
таксістка — таксіст
тактыца — тактык
талерачніца — талерачнік
талмудыстка — талмудыст
талочніца — талочнік
тандэтніца — тандэтнік
танкістка — танкіст
танцавальніца — танцавальнік
танцаўніца — танцаўнік
танцмайстарка — танцмайстар
танцорка — танцор
танцоўньніца — танцоўньнік
тапеліца — тапелец
тапографка — тапограф
тарбаністка — тарбаніст
тарпавальніца — тарпавальнік
тарпэдніца — тарпэднік
тарцаўніца — тарцаўнік

тарцюфка — тарцюф
тарэадорка — тарэадор
тачыльніца — тачыльнік
ткалля, ткачыха — ткач
тлумачка — тлумач
токарка — токар
траглядытка — траглядыт
трактарыстка — трактарыст
тралейбусьніца — тралейбусьнік
тралёўніца — тралёўнік
тральніца — тральнік
трамбавальніца — трамбавальнік
трамбаністка — трамбаніст
трамвайніца — трамвайнік
транзытніца — транзытнік
транспартніца — транспартнік
транспартыроўніца — транспартыроўнік
трансфарматарка — трансфарматар
трасільніца — трасільнік
траўматалягіня — траўматоляг
траўніца — траўнік
трохборка — трохборац
трубадурка — трубадур
трубачка — трубач
трувэрка — трувэр
трукачка — трукач
трунарніца, трунарка — трунар
трупярка — трупяр
трыкатажніца — трыкатажнік
трыюмфатарка — трыюмфатар
трэнэрка — трэнэр

тубылка — тубылец
турыстка — турыст
тынкоўніца — тынкоўнік
тэасофка, тэасафіня — тэасоф
тэарэтыца — тэарэтык
тэалягіца, тэалягіня — тэолаг
тэатразнаўка, тэатразнаўца (суп. род) — тэатразнавец
тэксталягіня — тэкстолаг
тэкстыльніца — тэкстыльнік
тэлеграфістка — тэлеграфіст
тэлефаністка — тэлефаніст
тэнісістка — тэнісіст
тэрапэўтка — тэрапэўт
тэрарыстка — тэрарыст
тэрміналягіня — тэрмінолаг
тэрмістка — тэрміст
тэстэроўніца — тэстэроўнік
тэхнакратка — тэхнакрат
тэхналягіня, тэхналягіца — тэхнолаг
тэхніца — тэхнік
т'ютарка — т'ютар

У

уд*а*рніца — ударнік
узбудж*а*льніца — узбуджальнік
узурп*а*тарка — узурпатар
ук*а*зьніца — указьнік
украін*і*стка — украініст
улад*а*льніца — уладальнік
улад*ы*чыца, улад*ы*чна — уладыка
улад*а*рка — уладар
ул*а*сьніца — уласьнік
унівэрсал*і*стка — унівэрсаліст
унівэрс*а*лка — унівэрсал
уніфарм*і*стка — уніфарміст
уп*а*дніца — упаднік
упак*о*ўніца — упакоўнік
ур*а*дніца — уряднік
урад*о*ўка, урад*о*ўца (суп. род) — урадовец
урал*я*гіца, урал*я*гіня — уроляг
урбан*і*стка — урбаніст
усходазн*а*ўка, усходазн*а*ўца (суп. род) —
  усходазнавец
утаймав*а*льніца — утаймавальнік
утап*і*стка — утапіст
утылітар*ы*стка — утылітарыст
утрым*а*нка — утрыманец
уцяк*а*чка — уцякач

Ф

фабрыкантка — фабрыкант
фаварытка — фаварыт
фавістка — фавіст
фагатыстка — фагатыст
факельніца — факельнік
факірка — факір
фалерыстка — фалерыст
фальклярыстка — фальклярыст
фальцоўніца — фальцоўнік
фальшываманэтніца — фальшываманэтнік
фалянгістка — фалянгіст
фанатычка — фанатык
фантазістка — фантазіст
фантастка, фантастыца — фантаст
фанфарыстка — фанфарыст
фараонка — фараон
фарбавальніца — фарбавальнік
фармакалягіня — фармаколяг
фармалістка — фармаліст
фармацэўтка — фармацэўт
фаміроўніца — фаміроўнік
фармоўніца — фармоўнік
фарцоўніца — фарцоўнік
фасоўньніца — фасоўньнік
фатографка, фатаграфіца, фатаграфіня — фатограф

фашыстка — фашыст
фіглярка — фігляр
фігурантка — фігурант
фігурыстка — фігурыст
фідэістка — фідэіст
фізкультурніца — фізкультурнік
фізыца — фізык
фізіякратка — фізіякрат
фізіялягіня — фізіёляг
фізіятэрапэўтка — фізіятэрапэўт
філякартыстка — філякартыст
філёзафка, філязафіца, філязафіня — філёзаф
філістэрка — філістэр
філялягіца, філялягіня — філёляг
філянтропка — філянтроп
філятэлістка — філятэліст
фінансістка — фінансіст
фінка, фініца — фін
фінляндка, фінляндзіца — фінляндзец
флейтыстка — флейтыст
флягманка — флягман
флярыстка — флярыст
фокусьніца — фокусьнік
форвардка — форвард
фотааматарка — фотааматар
фотарэпартэрка — фотарэпартэр
франтавічка — франтавік
франтка — франт
францірорка — францірор
французка, французіца — француз
фрахтавальніца — фрахтавальнік

фрахтавіца — фрахтавік
фрэзэроўніца — фрэзэроўнік
фтызіятарка — фтызіятар
фундамэнталістка — фундамэныаліст
фундатарка — фундатар
функцыянэрка — функцыянэр
футбалістка — футбаліст
футроўніца — футроўнік
футуралягіня — футуроляг
футурыстка — футурыст
фэадалка, фэўдалка — фэадал, фэўдал
фэдэралістка — фэдэраліст
фэльетаністка — фэльетаніст
фэльфэбэлька — фэльдфэбэль
фэльчарка — фэльчар
фэміністка — фэмініст
фэналягіня — фэноляг
фэрмэрка — фэрмэр
фэтышыстка — фэтышыст
фэхтавальніца — фэхтавальнік

X

хабарніца — хабарнік
хавальніца — хавальнік
хадайніца — хадайнік
хадачка, хадоўка — хадак
хаджалая — хаджалы
хакеістка — хакеіст
халасьцячка — халасьцяк
халіфіца, халіфка — халіф
халопка — халоп
хамэлеонка — хамэлеон
ханіца, ханка — хан
харчавіца — харчавік
харыстка — харыст
харэографка — харэограф
хатніца — хатнік
хаўрусьніца — хаўрусьнік
хаўтурніца — хаўтурнік
хіміца — хімік
хірамантка — хірамант
хірургіца, хірургіня — хірург
хлебаробка — хлебароб
хлебасолка — хлебасол
хормайстарка — хормайстар
хранамэтражыстка — хранамэтражыст
хранікёрка — хранікёр
хрысьціянка — хрысьціянін
хутаранка — хутаранін

Ц

цаліньніца — цаліньнік
царазабоўка — царазабойца
царка, царыца — цар
царкоўніца — царкоўнік
цацачніца — цацачнік
целаахоўніца — целаахоўнік
цемрашалка — цемрашал
ценявіца — ценявік
ціскальніца — ціскальнік
цытравальніца — цытравальнік
цудадзейка — цудадзей
цудатворыца, цудатворка — цудатворац
цывілізатарка — цывілізатар
цыгарэтніца — цыгарэтнік
цымбалістка — цымбаліст
цыравальніца — цыравальнік
цыркачка — цыркач
цырульніца — цырульнік
цэнзарка — цэнзар
цэрбэрка — цэрбэр
цэсарыца — цэсар
цюкоўніца — цюкоўнік
цьвікарка — цьвікар
цяжкаатлетка — цяжкаатлет
цяжкавагавіца — цяжкавагавік
цялятніца — цялятнік
цясьлярка, цесьлярыца — цясьляр

Ч

чабанка — чабан
чаканьніца — чаканьнік
чалабітніца — чалабітнік
чаліца-карэспандэнтка, чалец-карэспандэнтка — чалец-карэспандэнт
чаляднiца — чаляднік
чарадзейка — чарадзей
чарнакніжніца — чарнакніжнік
часальніца — часальнік
чужаземка — чужаземец
чужынка — чужынец
чыгуначніца — чыгуначнік
чыноўніца — чыноўнік
чысьцільніца — чысьцільнік
чытачка — чытач
чэкістка — чэкіст
чэмпіёнка, чэмпіянэса — чэмпіён

Ш

шаб*а*шніца — шабашнік
шаблістка — шабліст
шаг*і*дка — шагід
шакалат'*е* (суп. род) — шакалат'е
шаляніца — шаленец
ш*а*пачніца — шапачнік
шаст*а*віца, шаст*а*чка — шаставік
шафёрка — шафёр
шах*і*ня, шах*і*ца — шах
шахмат*ы*стка — шахматыст
шахтэрка — шахтэр
шаш*ы*стка — шашыст
шв*а*чка — швач
швэдка, швэдыца — швэд
шкалярка — школяр
шкіпэрка — шкіпэр
шклярка — шкляр
шліфавальніца — шліфавальнік
шліфоўніца — шліфоўнік
шляхцянка — шляхціц
шпаж*ы*стка — шпажыст
шп*а*лерніца — шпалернік
шпег*і*ца — шпег
шпіёнка — шпіён
шпік*і*ца, шпікеса — шпік
шпулярніца — шпулярнік
штабістка — штабіст

штабніца — штабнік
штангістка — штангіст
штрафніца — штрафнік
штукарка — штукар
штурманка — штурман
штурхачка — штурхач
шукальніца — шукальнік
шумавічка — шумавік
шынкарка — шынкар
шыпарэзьніца — шыпарэзьнік
шэйгіца — шэйг
шэрагоўка — шэраговец
шэрыфка — шэрыф
шэфка, шэфіца, шэфэса, шэфіня — шэф
шэф-поварка, шэфіца-поварка — шэф-повар

Э

эвалюцыяністка — эвалюцыяніст
евангелістка — евангеліст
экалягістка — экалягіст
экалягіца, экалягіня — эколяг
эканамістка — эканаміст
эквілібрыстка — эквілібрыст
экзамэнатарка — экзамэнатар
экзэгетка — экзэгет
эклектычка — эклектык
экранізатарка — экранізатар
экскаватарніца — экскаватарнік
экспарторка — экспартор
экскурсаводка — экскурсавод
экскурсантка — экскурсант
экспанэнтка — экспанэнт
экспартэрка — экспартэр
эксплюататарка — эксплюататар
эксплюатацыйніца — эксплюатацыйнік
экспрэсіяністка — экспрэсіяніст
экспэдытарка — экспэдытар
экспэртка — экспэрт
экстрэмалка — экстрэмал
электрамэханіца — электрамэханік
электрыца — электрык
эмбрыялягіня — эмбрыёляг
эмігрантка — эмігрант

эмісарка — эмісар
эмпірыца — эмпірык
эпігонка — эпігон
эскулапка — эскулап
эсэістка — эсэіст
этнографка, этнаграфіца, этнаграфіня — этнограф
эталагіца, эталагіня — этнолаг
этымалагіня — этымолаг
эўрапейка — эўрапеец
эшэвэнка — эшэвэн

Ю

юбілярка — юбіляр
ювэлірка — ювэлір
юначка — юнак
юнёрка — юнёр
юніца — юнец
юрыстка — юрыст
юрыстконсультка — юрыстконсульт

Я

ягадніца — ягаднік
ядравіца — ядравік
ядуха — ядун
язьдзіца — яздок
якабінка — якабінец
япіскапка, япіскапіца — япіскап
яфрэйтарка — яфрэйтар
яхтоўка, яхцмэнка — яхтовец

Зьмест

Уступ	5
Варыянты ўтварэньня фэмінітываў у беларускае мове	9
Праблемнае поле: аднагучча, немілагучнасьць, насьмешлівасьць і зьневажальнасьць	15
Крыніцы фэмінітываў	26
Слоўнік фэмінітываў	29

www.ingramcontent.com/pod-product-compliance
Lightning Source LLC
Chambersburg PA
CBHW072101110526
44590CB00018B/3271